KB193217

■ 구역 출석부 ■

번호	이 름 \ 주 월 일	1	2	3	4	5	6	7	8	9	10	11	12
1													
2													
3													
4													
5													
6													
7													
8													
9													
10													
11													
12													
13													
14													
15													
16													
17													
18													
19													
20													
21													
22													
23													
24													
25													
통계란	출 석												
	결 석												
	현 금												

13	14	15	16	17	18	19	20	21	22	23	24	25	26		출석	결석	현금	

★27주부터는 책뒷부분에 있음

■ 구역원 명부 ■

(구)

번호	이름	생년월일	직업	가족수	연락처
1					
2					
3					
4					
5					
6					
7					
8					
9					
10					
11					
12					
13					
14					
15					
16					
17					
18					
19					
20					
21					
22					
23					
24					
25					

구역예배·속회용

구역예배서

구역예배·속회용

구역예배서

2024년 10월 21일 초판 인쇄
2024년 10월 28일 초판 발행

지은이 | 박종순, 김병삼, 이진우, 옥성석, 최종인, 김창근
펴낸이 | 황성연
펴낸곳 | 한국문서선교회
주　소 | 경기도 파주시 광탄면 혜음로 883번길 39-32
주문처 | 하늘물류센타
전　화 | 031-947-7777
팩　스 | 0505-365-0691

ISBN 978-89-8356-292-0 (13230)

42

구역예배·속회용

구역예배서

박종순 · 김병삼 · 이진우 · 옥성석 · 최종인 · 김창근

한국문서선교회

일러두기

1. 성경은 개역개정판을, 찬송은 21세기 새찬송가를 사용했으며, ( ) 안에 통일찬송가를 표기해 두었다.

2. 외울 말씀은 한번 복창해 보고 외워 볼 수 있는 시간을 주는 배려도 좋을 것이다.

3. 기도의 경우는 본문 주제에 맞춘 간단한 기도문으로, 구역원의 가정과 교회, 예배드리는 가정을 위해 기도한다.

4. 학습 문제의 답은 그날 공부한 것을 복습하는 것이므로 주제에 어긋 나지 않는 한 여러 답안이 제시될 수 있다.

5. 중보기도는 한 주간 동안의 기도 제목으로 정하여도 좋을 것이며, 개인의 특별한 기도 제목을 첨가해도 좋을 것이다.

6. 만남의 준비는 다음 구역예배를 은혜스럽게 하기 위한 준비 과제이므로 반드시 성경 말씀을 미리 알려주어 읽고 묵상하도록 한다.

머리말

교회마다 「회복」을 위한 접근과 노력이 빨라지고 있습니다. 그렇지만 회복이 더딘 교회도 있고 힘겨워 하는 교회도 있습니다.

3년여 계속된 코로나19 충격이 우리네 신앙과 일상을 뒤범벅으로 만들었고 영적 기력을 약화시켰습니다. 그러나 산 물고기는 거센 물결을 거슬러 올라가듯 산 믿음의 사람들은 가속 페달을 밟고 전진, 정진에 나서고 있습니다.

가견적 교회, 형식으로 꾸민 교회, 사람이 주인 노릇하는 교회는 오래 못 갑니다. 그러나 주님이 세우신 교회, 주님이 주인인 교회는 영원하고 후진하지 않습니다.

2025년 역시 주님과 함께 걷는 한해가 되길 바라며 『구역·속 예배서』를 펴냅니다. 집필에 동참하신 목사님들은 주님과 교회를 무척 사랑하고 사랑받는 분들입니다. 올해도 펴내는 『구역·속 예배서』가 복음의 창이 되고 그리스도의 사람들을 올곧게 이끄는 지침서가 되고 사랑받는 지침서가 되길 기도합니다.

해마다 수고하는 모든 이들, 펴내는 이들에게 고마움을 전합니다. 주 예수 그리스도의 평강을 빕니다.

집필자를 대표하여 박종순 목사

구역예배 인도지침

이 「구역예배서」를 사용하면서 예배를 인도하는 데 있어 다음 사항을
잘 참고하면 크게 도움이 될 것이다.

1. 구역예배의 준비

"교회 부흥은 구역의 부흥에서부터"란 말이 있다. 그러므로 구역의
책임을 맡은 구역장이나 권찰은 구역의 목회자라는 소명감으로 구역을
잘 관리하고 돌보아야 한다.

구역 운영에서 중요한 것이 구역예배인데, 예배를 인도하는 자는 다
음의 몇 가지를 특히 유의해서 준비함으로써 예배가 은혜스럽도록 해
야 한다.

(1) 장소 : 구역예배는 구역원의 가정을 돌아가면서 드리는 것이 상
    례이나 부득이 사양하는 가정이 있으면 강요하지는 말아야 한다.
    장소의 결정은 적어도 1주일 전에 동의를 얻어 정하고, 예배 2~3
    일 전에 반드시 확인해야 한다.

(2) 시간 : 주님이 고난당하신 날인 성금요일에 대개 모이고 있다. 특
    히 금요일은 삼일 기도회와 주일의 중간이므로 적당하나, 모이는
    가정의 사정에 따라 다른 날에 모여도 무방하다. 시간은 편리한
    시간을 정해서 하되 식사 시간은 피하는 것이 좋으며, 특히 농촌
    이나 직장인을 중심으로 하는 구역에선 일과가 끝난 저녁 시간에
    모이는 것도 좋다.

(3) 말씀 준비 : 구역예배에 있어서도 다른 예배와 마찬가지로 말씀
    증거가 중심이 된다. 그러므로 인도자는 기도로 준비하고, 본문
    말씀을 잘 파악해서 증거해야 한다.

그리고 공과(설교집)를 완전히 마스터해서 자기의 설교로 소화한 다음에 전해야 은혜가 된다. 이때 특별히 유의할 점은 구역원의 사정을 잘 살펴서 한 사람이라도 상처를 입거나 시험에 들 이야기는 삼가야 한다.

2. 예배의 진행 및 순서

(1) 여는 기도 : 개회시에 조용히 머리 숙여 마음을 가다듬을 때 사회자가 성경을 1-2절 봉독하는 것이 은혜스럽다. 대개 시편에서 찾아 읽는 것이 좋으나 그 가정의 특별한 상황이나 혹은 설교 내용과 부합되는 구절을 찾아 읽는 것도 좋다.
  사도신경으로 신앙을 고백함으로써 예배를 시작하는 것도 좋다.

(2) 찬송 : 주제에 맞추어 2곡씩 실었다. 그러나 그 가정에서 원하는 찬송을 부르는 것도 좋다. 예배의 분위기에 따라 많이 부를 수도 있다.
  ※ 21세기 새찬송가 / (   ) 안은 통일찬송가이다.

(3) 기도 : 구역원 중에서 간단 명료하게 하는 것이 좋다.

(4) 성경 봉독 : 성경 본문을 서로 윤독하는 것이 좋으나, 본문이 짧은 경우는 사회자와 교우가 교독하는 것도 좋다.

(5) 설교 : 본 설교집을 바탕삼아 충분히 준비해서 하되, 시간은 10분 정도가 적당하다고 본다.

(6) 학습 문제 : 설교의 매 편마다 학습 문제를 제시했다. 인도자는 질문을 해서 구역원들이 답을 하도록 유도하는 것이 좋다.

(7) 기도 : 설교자가 한다. 증거한 말씀이 삶에 적용되기를 위하여, 구역원들의 신앙과 가정을 위하여, 그 모인 가정을 위하여 할 것이다. 교회와 나라를 위하여 기도하는 것도 좋다. 특히 구역 내에 환자나 어려움을 당한 가정이 있을 경우 그를 위해 기도하는

것을 잊지 말아야 한다.

(8) 헌금 : 교회 방침에 따라 한다.

(9) 보고 : 출석 확인, 회계 보고 등을 한다. 애경사나 구역원의
협조를 요하는 일이 있으면 광고한다.

(10) 찬송 : 폐회 찬송은 설교에 맞추어 힘차고 기쁜 찬송을 택할 것
이다.

(11) 폐회 : 주기도문으로 폐회한다. 목사님을 모셨을 경우는 축도로
폐회하는 것도 좋다.

3. 친교

구역예배는 구역원간의 교제를 통해서 결속을 돈독히 하는 데 목적이
있다. 그러므로 예배를 마치고 간단한 다과를 나누며 성도의 교제 시간
을 갖는 것이 유익하다(대부분의 구역이 이를 시행하고 있다).

여기에서 주의할 것은 그 가정에 너무 큰 부담을 주어서는 안 된다는
것이다. 가정 형편이 어려운 집은 모이기를 기피하고 이로 인해 시험
당할 수도 있기 때문에 간단히 하도록 지도해야 할 것이다. 구역 형편
에 따라 이를 폐지해도 무방하다.

또 하나는 대화의 내용이다. 모든 대화는 믿음 안에서 할 것이며, 신
앙생활에 부덕한 화제는 피해야 한다. 남의 흉을 보거나 상처를 주는
말은 하지 말아야 한다.

목차

PART 03

PART 04

PART 05   최종인 목사 편

PART 06   김창근 목사 편

PART 01

박종순 목사 편

1. 골방을 측량하라

성경 : 에스겔 41:5-11 (외울 말씀 7절)
찬송 : 363장(479), 542장(340)
주제 : 벼랑 끝에 섰을 때 골방을 찾아 거기서 하나님 만나야 한다.

에스겔서 40~42장에서 반복되는 두 단어를 발견하게 됩니다. 그것은 "측량(37회)"이라는 말과 "골방(9회)"이라는 말입니다.

1. 측량을 살펴보겠습니다.

측량이란 면적, 거리, 모양, 높이, 깊이를 계산하고 재는 것입니다. 그 방법은 여러 가지입니다. 목측은 눈으로 재는 것, 보측은 걸음으로 재는 것, 계측은 기계나 장비로 재는 것입니다. 또 드론측량, 항공측량, 위성측량 등도 있습니다.

측량이 시작된 것은 BC 1400년 경 이집트에서 토지의 경계를 정하기 위해서였다고 합니다.

바벨론의 침략으로 예루살렘 성이 불타고 무너졌습니다. 성전도 무너졌습니다. 그런데 하나님은 이스라엘이 바벨론으로부터 해방되고 회복될 환상을 보여 주셨습니다. 예를 들면 에스겔 37장의 마른 뼈들이 살아나 군대가 되는 환상도 이스라엘의 회복을 예언한 환상입니다. 그리고 에스겔 40~42장에서는 회복될 예루살렘성과 성전을 보여 주시면서 측량하라고 하셨습니다. 그것은 국가도 교회도 늘 정확하게 측량해야 된다는 것을 교훈합니다.

성경을 정경(바른 책)이라고 합니다. 영어로는 캐논(canon)인데 히브리어 '카네'에서 유래했다고 합니다. 그 뜻은 측량이라고 합니다.

하나님은 오늘도 측량하십니다. 국가도 권력도 교회도 기업도 집단도 개인도 측량하십니다. 그리고 모자라면 심판하십니다.

2. 골방을 살펴보겠습니다.

열왕기상 6~8장은 솔로몬이 성전을 건축한 기사입니다. 그런데 솔로몬의 성전에도 골방이 있었고 에스겔이 환상으로 본 성전에도 골방이 있었습니다. 골방이란 큰 건물 안에 있는 작은 방, 눈에 잘 띄지 않는 작은 방을 말합니다.

예루살렘에 있는 마가의 작은 다락방, 골방에서 최후의 만찬이 있었고 예수님이 승천하신 후 제자들이 마가의 다락방(골방, 사랑방)에 모여 기도하다가 성령님의 강림을 체험하게 됩니다. 그리고 거기서 초대 기독교가 시작됩니다. 골방에서 기도하다가 성령님의 능력을 받고 골방에서 교회가 시작됐다는 것을 주목해야 합니다. 예수님도 골방을 말씀하셨습니다.

"너는 기도할 때에 네 골방에 들어가 문을 닫고 은밀한 중에 계신 네 아버지께 기도하라 은밀한 중에 보시는 네 아버지께서 갚으시리라"(마 6:6). 골방은 은밀한 방이고 드러나지 않는 방입니다. 그 골방에서 기도하라고 말씀하셨습니다.

골방은 구경꾼이 없습니다. 자랑할 사람도 없습니다. 오직 하나님만 보입니다. 그래서 골방에서 기도하라고 하신 것입니다. 골방에서 기도하라는 것은 세상과 담을 쌓아라, 이웃과 만나지 마라, 혼자 살아라,

그런 뜻이 아닙니다.

　기독교 고전 가운데 마틴 루터의 「탁상담화」가 있습니다. 루터가 식탁에서 친구들, 제자들, 신학자들과 나눈 일상대화를 훗날 엮어 책으로 펴낸 것인데 그것을 탁상담화(Table Talk)라고 합니다. 기독교 교리 전반을 다루고 신학적 주제와 그리스도인의 삶을 다루고 있습니다. 그런데 그 유명한 책이 사랑방, 골방 탁상에서 만들어진 것입니다.

　힘들고 지칠 때, 괴롭고 속상할 때, 억울하고 답답할 때, 막막하고 길이 안보일 때, 벼랑 끝에 섰을 때, 그때 누굴 찾아야 합니까? 누굴 만나야 합니까? 어디로 가야 합니까? 골방입니다. 거기서 하나님을 만나야 합니다.

　골방을 만듭시다. 골방을 회복합시다. 골방으로 들어갑시다. 거기서 하나님 만나고, 힘을 얻고, 재충전하고, 그리고 일터와 삶의 현장으로 나갑시다. 골방을 측량하라! 아멘.

▶ **학습 문제**

(1) 하나님의 능력, 사랑, 위대하심은 측량할 수 있습니까?(시 145:3)

　답: 하나님의 능력, 사랑, 위대하심은 측량할 수는 없지만, 믿음으로 헤아릴 수 있습니다.

(2) 하나님을 만나고 재충전하는 골방을 회복하기 위해 어떻게 하겠습니까?(마 6:6)

　답: 가정과 교회, 이웃과 나라, 세계 선교를 위한 기도의 골방을 만들겠습니다.

🌿 기도

사랑의 하나님, 힘들고 지칠 때, 하나님을 만나기 위해 골방으로 나아가게 하소서. 골방에서 세미한 음성을 듣게 하소서. 예수님의 이름으로 기도합니다. 아멘.

🌿 중보기도

(1) 절망의 고통을 겪고 있는 사람들이 하나님을 만나 힘을 얻게 하소서.

(2) 한국 교회에 기도와 찬송 소리가 더욱 커지는 새해가 되게 하소서.

▶ 만남의 준비

마태복음 14장 22-33절을 읽고 어떤 걱정과 염려를 하고 있는지 생각해 봅시다.

2. 안심전략

전략은 군사용어입니다. 그러나 요즘은 광범위하게 사용합니다. 경영전략, 기업전략, 마케팅전략, 운영전략, 성장전략, 경기전략, 홍보전략 등 다양합니다. 인생도 전략 따라 성패가 결정되고 신앙생활도 전략 따라 성패가 결정됩니다. 풍랑을 만날 때 안심전략이 필요합니다.

1. 풍랑이란 무엇입니까?

우린 본문을 통해 제자들도 풍랑을 만날 수 있다는 사실을 발견하게 됩니다. 제자들도 우리도 시험과 시련의 풍랑을 만납니다. 요셉도 시험당했고, 욥도 시험당했습니다. 잘못한 게 없는데 고통당했습니다. 베드로도 물에 빠졌고 제자들도 풍랑을 만났습니다. 이 논리대로 라면 "예수 믿어도 풍랑 만난다, 교회 다녀도 어려운 일 당한다"가 됩니다. 예외는 없습니다. 잘못한 일이 없어도 어려운 일 당할 수 있고 시험을 당할 수 있습니다.

그러나 그 시험, 그 풍랑을 해결하는 사람도 있고, 해결 못 하는 사람도 있습니다. 시험, 고통, 절망, 질병, 실패를 해결하는 전략이 필요합니다.

2. 안심전략(해법)을 찾겠습니다.

첫째, 두려워 말라입니다.

바다를 항해하는 배가 겁나는 게 있습니다. 그것은 빙산, 암초, 폭풍입니다. 비행기 조종사가 겁나는 게 있습니다. 그것은 기상악화와 버드 스트라이크입니다. 버드 스트라이크란 새와 비행기가 충돌하는 것을 말합니다. 국내에서는 1990~2000년 10년 사이에 400여건이 있었고, 전 세계적으로는 연간 10만 건이 넘는다고 합니다. 그 피해액은 1조3천억에 달합니다. 이 사고는 비행기가 이착륙할 때 일어나는데 참새 한 마리와 부딪치면 참새만 죽는 게 아니고 비행기 기체에 구멍이 뚫리기도 하고, 부속품이 떨어져 나가기도 한다고 합니다. 이 사고로 비행기가 추락하거나 불시착하기도 합니다.

예수님의 제자들은 두려움이라는 풍랑과 충돌했습니다. 그리고 믿음이 무너지면서 예수님을 유령이라고 헛소리하는 상황을 빚어냈습니다. 그들에게 "두려워 말라"고 말씀하셨습니다(사 41:10,14).

둘째, 의심하지 말라입니다.

1912년 4월 14일 당시 세계 최고의 호화여객선 타이타닉호가 빙산과 충돌해 침몰했습니다. 배를 만든 사람들은 '하나님도 이 배는 침몰시킬 수 없다'고 호언했습니다. 그러나 그 배는 2시간 40분 만에 바다 아래로 가라앉았습니다. 4만 6천톤 넘는 초호와 여객선이 가라 앉은 것입니다. 불신과 의심의 빙산과 충돌하면 신앙도, 인생도, 무너지고 가라앉을 수 있습니다. 베드로가 그랬습니다.

시선을 주님께 고정합시다. 딴 데 바라보지 맙시다. 주파수를 주님에게 맞춥시다. 우왕좌왕하지 맙시다. 헤매지 맙시다(약 1:6-7).

셋째, 안심하라입니다.

주님은 '안심하라'는 용어를 자주 쓰셨습니다(마 9:2, 22; 14:27).

안심의 반대말은 염려, 걱정, 근심입니다. 불안한 사람들, 걱정거리가 많은 사람들, 두려운 일들이 많은 사람들, 인생의 무서운 풍랑을 만난 사람들은, 하나님께서 주시는 약속을 믿고 붙잡아야 합니다(사 43:1, 3).

하나님을 향한 믿음, 하나님의 능력으로만 가능합니다.

▶ **학습 문제**

(1) 거센 풍랑이 있을 때 두려워하지 말아야 하는 이유는 무엇입니까? (사 41:10)

답: 하나님께서 도와주신다고 약속하셨기 때문입니다.

(2) 믿음의 사람들에게 안심전략은 무엇입니까?(마 14:27)

답: 걱정, 근심, 염려가 있을 때, 주님과 함께함으로 문제를 풀어내는 것입니다.

✳ **기도**

은혜의 하나님, 불안과 걱정거리, 두려운 일들이 많은 세상이기에 주님의 능력을 의지합니다. 믿음의 분별력을 주옵소서. 예수님의 이름으로 기도합니다. 아멘.

✳ **중보기도**

(1) 정신적인 고통을 호소하는 사람들이 주의 은혜로 회복되게 하소서.

(2) 다음 세대가 분별력을 가지고 미래를 준비하게 하소서.

▶ 만남의 준비

누가복음 15장 1-7절을 읽고 하나님 아버지의 사랑에 대해서 생각해 봅시다.

3. 다시 찾은 사람들

성경 : 누가복음 15:1-7 (외울 말씀 7절)
찬송 : 273장(331), 525장(315)
주제 : 하나님께 돌아오는 회개는 회복과 용서와 구원의 길입니다.

예수님께서 세 가지 비유, 잃어버린 한 마리 양(15:4~7), 잃어버린 한 드라크마(15:8~10), 잃어버린 한 아들(15:11~32)에 관한 이야기를 말씀하셨습니다.

1. 아들을 기다린 아버지

양은 목자가 찾아 나섰고 그리고 다시 찾았습니다. 드라크마는 주인이 다시 찾았습니다. 그러나 아들은 아버지가 찾아 나서지 않고 기다렸습니다. 왜 그랬을까요?

첫째, 인간은 스스로 깨닫고, 뉘우치고, 결단하는 자유의지를 가지고 있기 때문입니다. 하나님이 그렇게 창조하셨습니다. 잘못을 깨닫고, 인정하고, 돌아서서 아버지께로 돌아오는 것이 회개입니다. 제 발로 걸어 나갔으면 제 발로 걸어서 돌아와야 합니다.

둘째, 아버지는 돌아온 아들을 용납했습니다. 나쁜 놈이다, 불효자식이다, 탕자다 라고 하지 않았습니다. 오히려 "이 내 아들은 죽었다가 다시 살아났으며 내가 잃었다가 다시 얻었노라"(15:24)고 했습니다. 다시 살아난 아들, 다시 찾은 아들을 탕자라고 할 수 없습니다. 우리는 죄인이었습니다. 그러나 지금은 용서받은 죄인, 돌아온 아들입니다.

아들 비유의 정점은 24절입니다. "죽었다가 다시 살아났다"는 것입니다(엡 2:1). 육체의 욕심을 따라 살았고 세상 풍조를 따랐고 제 마음대로 살았고 허물로 죽은 우리를 살리셨고 다시 일으켜주시고 하늘에 앉도록 해주셨다는 것입니다(엡 2:3-6).

2. 아버지의 사랑과 용서

세 비유가 강조하는 것은 단 한사람의 죄인도 버리거나 포기하지 않으시고 구원하시는 하나님의 사랑과 용서입니다. 그래서 잃은 양을 찾은 후에 "이와 같이 죄인 한 사람이 회개하면 하늘에서는 회개할 것 없는 의인 아흔아홉보다 더 기뻐하리라"고 했고(15:7), 잃은 드라크마를 찾은 후에는 "죄인 한사람이 회개하면 하나님의 사자들 앞에서 기쁨이 되느니라"(15:10)고 했고 아들 찾은 후에는 "내 아들은 죽었다가 다시 살아났으며 잃었다가 얻었다. 즐거워하고 기뻐하는 것이 마땅하다"(15:32)고 했습니다.

세 비유는 단순히 양을 찾고, 돈을 찾고, 사람 찾은 이야기가 아닙니다.

단 한 사람이라도 버리지 않고 찾으시는 하나님의 사랑을 이야기하고 있습니다.

첫째, 하나님은 지금도 찾으십니다.

이유는 지금도 계속 하나님을 떠난 사람들이 있고 떠나려는 사람들이 있기 때문입니다.

얼마 동안 찾으십니까? '찾을 때까지'입니다. 이것은 하나님의 기다림이고 참으심입니다. 찾기까지 찾으시고 돌아올 때까지 참고 기다리십니다.

둘째, 돌아와야 합니다.

빨리 깨닫고 돌이켜 돌아와야 합니다. 머뭇거려도 안 되고, 주저해도 안 됩니다. 미뤄도 안 됩니다. 지금 돌아와야 합니다. 더 망가지기 전에, 더 무너지기 전에 돌아와야 합니다.

아버지는 돌아온 아들의 지난 행적을 묻지도, 따지지도, 규명하지도 않았습니다. 돈은 어떻게 탕진했느냐, 거지꼴로 살지 왜 돌아왔느냐 캐묻고 따지지 않았습니다.

이것이 하나님의 사랑이고 용서입니다(시 103:12, 사 43:25).

돌아온 둘째 아들을 맞이한 아버지는 용서했습니다. 단, 조건이 있습니다. 돌아올 때 그렇게 하십니다. 회개할 때 그렇게 하십니다. 고집부리고 돌아오지 않으면 용서도 구원도 회복도 없습니다. 결론은 결단입니다.

마음이 떠난 사람이라면, 몸이 떠난 사람이라면, 믿음이 떠난 사람이라면, 하나님 아버지를 떠난 사람이라면, 지금, 여기서 돌아와야 합니다. 그것이 살 길이기 때문입니다.

▶ **학습 문제**

(1) 하나님은 우리 인생들을 왜 포기하지 않으십니까?(사 41:9, 요 3:16, 마 28:20)

답: 하나님이 세상을 사랑하셔서 약속을 성취하시기 때문입니다.

(2) 하나님을 떠난 사람이 돌아오면 어떤 일이 일어납니까?(시 103:12, 사 43:25)

답: 하나님께로 돌아오면 회복되고, 용서받고, 구원받습니다.

🌿 기도

구원의 하나님, 우리를 사랑하셔서 약속을 따라 용서와 회복을 베풀어주시니 감사합니다. 오직 주님 안에 거하는 한 해되게 하소서. 예수님의 이름으로 기도합니다. 아멘.

🌿 중보기도

(1) 타락과 방탕의 길을 걷는 사람들이 주께로 돌아와 구원의 은혜를 알게 하소서.
(2) 복음이 전파되는 선교현장에 용서와 회복과 구원의 은혜가 임하게 하소서.

▶ 만남의 준비

사도행전 27장 30-37절을 읽고 우리나라에까지 복음이 전파된 과정을 생각해봅시다.

4. 유라굴로 광풍 해법

성경 : 사도행전 27:30-37 (외울 말씀 34절)
찬송 : 345장(461), 388장(441)
주제 : 광풍을 멈추고 성난 바다를 잔잔하게 하시는 분은 하나님
이십니다.

바울을 276명의 리더로 세우신 것은 하나님의 기묘하신 섭리였습니다. 죄수 바울이 광풍 수습의 총 감독이 된 것입니다. 어떻게 유라굴로 광풍을 수습했는지 그 해법을 찾아보겠습니다.

1. 다 버렸습니다.

사도행전 27장 18절을 보면 짐을 바다에 풀어 버렸다고 했고, 19절을 보면 "배의 기구를 그들의 손으로 내버리니라"고 했습니다. 그 배에는 무역상품, 곡물, 화물이 가득 차 있었습니다. 그것들을 다 버렸습니다. 아까운 것들, 돈이 되는 것들, 소중한 것들을 배를 가볍게 하기 위해 버렸습니다. '버렸다'는 것은 포기했다는 것입니다. 배의 기구도 버렸습니다. 돛대, 침구, 의자, 책상, 장비들을 다 버렸습니다. 그것들은 항해에 꼭 필요한 것들입니다. 그러나 배가 가라 앉는 상황에선 쓸모없는 것들입니다. 그래서 그것도 다 포기했습니다. 우리는 이 세상을 사는 동안 많은 것을 소유하고 누리고 쌓아 놓고 삽니다. 남이 아는 것도 있고 나만 아는 것들도 있습니다. 그러나 그런 것들을 다 버려야 할

때가 옵니다. 그게 언제입니까? 내가 죽을 때입니다. 아끼던 것들, 모아놓고 쌓아 놓은 것들 그대로 다 버리고 갑니다. 물건만 버립니까? 가족도 형제도 친척도 친구도 일터도 다 버리고 갑니다.

훗날 주님 만났을 때 '잘 버리고 왔구나. 잘 버렸구나. 내가 더 좋은 것으로 채워줄게.'라는 칭찬을 듣도록 합시다. 가진 것, 누리는 것, 그런 것들 때문에 믿음을 저버리지 맙시다. 버릴 것과 버리지 않아야 할 것을 구별합시다.

2. 바울의 말대로 했습니다.

'안심하라. 죽지 않고 산다.' 그러나 겁에 질린 사공들이 배를 탈출하기 위해 구명정, 거룻배를 내리고 있었습니다. 그들에게 "배에 있지 아니하면 너희가 구원을 얻지 못하리라"(31)고 했고, 그 말이 떨어지자마자 군인들이 거룻배 줄을 끊어 버렸습니다. 백부장도 선장도 선주도 군인들도 바울의 말을 고분고분 따르게 된 것입니다. 짐도 버리고 기구도 버리고 구명정도 다 버렸습니다. 그런데 바울은 '배를 떠나면 죽는다. 배안에 그대로 있으라'고 했습니다.

만일 그들이 살겠다고 배를 떠나 바다로 뛰어들었다면 다 죽었을 것입니다.

교회를 떠나면 안 됩니다. 교회가 타락했다구요? 아닙니다. 교회를 구성한 교인들이 타락한 것입니다. 교회가 썩었다구요? 아닙니다. 교회 구성원인 교인들이 썩은 것입니다.

교회는 예수님이 세우셨고 예수님이 주인이십니다.

3. 하나님이 해법이십니다.

바울도 선장도 선주도 백부장도 해법이 아닙니다. "나는 내게 말씀하신 그대로 되리라고 하나님을 믿노라"(27:25) 하나님이 유라굴로 광풍의 해법이라는 고백이고 선언입니다.

선장은 배의 운항과 운영을 책임진 사람입니다. 과학과 기술 전문가로 보면 됩니다. 선주는 배의 소유권자입니다. 백부장은 276명의 운항을 총 지휘하는 사람입니다. 최고 권력으로 보면 됩니다. 그러나 그들에겐 해법이 없었습니다.

바울도 해법을 전달한 사람에 불과합니다. 해결사가 아닙니다. 바울이 유라굴로 광풍 속에서 의연할 수 있었던 것은 하나님을 믿고 바라보았기 때문입니다.

세계 도처에서 유라굴로 광풍이 휘몰아치고 있습니다. 개인적으로는 실패, 질병, 사건, 사고, 가정사 등 예기치 않은 광풍이 일어나고 있습니다. 세계적으로는 천재지변, 정치변동, 전쟁, 전염병, 기근, 재난 등의 광풍이 몰아치고 있습니다.

누가 해결합니까? 하나님만 해법이십니다.

"마침내 사람들이 다 상륙하여 구조되니라"(행 27:44).

▶ **학습 문제**

(1) 인생의 풍랑속에서 우리가 버려야 할 것은 무엇입니까?(마 16:24)

답: 자기 욕심과 정욕과 탐욕을 포기하고 영원한 세계를 바라보아야 합니다.

(2) 누가 광풍을 멈추고 성난 바다를 잔잔하게 할 수 있습니까?(막 4:39)

답: 자연을 창조하시고 다스리시는 하나님만 가능합니다. 사람은 그 누구도 못합니다.

❋ 기도

풍랑을 잔잔케 하시는 하나님, 주님이 말씀하신 대로 분별력을 발휘하여 승리하는 인생이 되게 하소서. 예수님의 이름으로 기도합니다. 아멘.

❋ 중보기도

(1) 한국 교회가 구원의 방주로서의 사명을 계속해서 잘 감당하게 하소서.
(2) 천재지변, 정치변동, 전쟁, 전염병, 기근, 재난 등의 세계적인 광풍을 잔잔하게 하소서.

▶ 만남의 준비

고린도후서 4장 7-12절을 읽고 '나는 어떤 그릇인가?'를 생각해 봅시다.

5. 질그릇 교훈

> 성경 : 고린도후서 4:7-12 (외울 말씀 7절)
> 찬송 : 73장(73), 214장(349)
> 주제 : 그리스도인에게는 예수 담은 존귀한 질그릇이라는 자부심
> 이 있습니다.

구약과 신약 모두 질그릇 이야기를 다루고 있습니다(사 45:9, 64:8; 롬 9:21; 딤후 2:20; 고후 4:7).

1. 하나님은 토기장이시라는 것입니다.

인간들이 오만과 불신으로 세우려던 바벨탑도 바벨론 제국도 무너졌습니다. 지금 인간들이 지식, 과학, 교만, 불신으로 쌓아 올리고 있는 바벨탑도 무너진다는 것입니다. 하나님 없는 지식은 무신론을 만들었고, 하나님 없는 과학은 대량 살상 무기를 만들었습니다. 그리고 첨단 과학 문명 역시 바벨탑처럼 무너지게 될 것입니다. 언젠가는 인간이 만든 과학에 의해 인간이 멸망하게 될 것입니다.

하나님은 토기장이십니다. 그리고 실패작이 없습니다. 창세기 1:31을 보면 "여호와 보시기에 심히 좋았더라"고 했습니다. 천지창조, 인간 창조, 심히 좋았다는 것입니다. '좋았더라'의 뜻은 선하다(Good), 완벽하다(Perfect), 아름답다(Beautiful)는 뜻입니다. 그러나 사람이 만드

는 것들 과학, 학문, 예술, 정치, 교육, 문화 등 다 흠이 있고 약점이 있
습니다. 아름답지 않습니다.

하나님은 선하신 토기장이, 완벽하신 작가, 아름다운 창조자이십니
다. 왜? 어째서?라고 토를 달지 맙시다. 내 존재 자체와 내 삶 자체를
긍정적으로 받아들이고 감사드립시다.

2. 무엇을 담느냐에 따라 그릇의 가치가 달라진다는 것입니다.

질그릇은 깨지기 쉽습니다. 사람을 만든 재료도 흙입니다. 그래서
깨지기 쉽습니다. 깨지면 가치가 없습니다. 성격이 깨진 사람, 인격이
깨진 사람, 신앙이 깨진 사람이 있습니다. 가정도 깨질 수 있고 교회도
깨질 수 있고 국가도 깨질 수 있습니다. 그러나 그릇이 깨졌다고 그 안
에 담고 있는 예수 보석이 깨지는 것은 아닙니다. 예수님을 질그릇에
담으면 깨진 인생이 회복되고 망가진 삶이 새로워집니다.

왜 그릇이 깨집니까? 함부로 다루고 떨어뜨리고 내던지면 깨집니
다. 인생을 함부로 살면 깨집니다. 아무렇게나 내던지면 깨집니다. 내
인생, 내 믿음 소중히 다룹시다. 그릇은 깨끗해야 합니다. 더러운 그릇
에 음식을 담지 않는 것처럼 더러운 마음속에는 보배이신 예수님을 모
시기 어렵습니다(딤후 2:21).

예수, 십자가, 복음이라야 합니다. 내 안에 가정 안에 교회 안에 예수
가 없다면 그래서 예수 결핍증을 앓고 있다면 빈 그릇, 깨진 그릇이 되
고 맙니다. 예수 없으면 아무것도 아닙니다.

예수 없는 기독교인이 되지 맙시다. 예수 없으면서 있는 것처럼 꾸
미지 맙시다. 내 모습 이대로, 내 모습 이대로! 이 찬송을 부릅시다.

나는 질그릇입니다. 그러나 평범한 질그릇, 천덕꾸러기 질그릇이 아
닙니다. 예수 담은 존귀한 질그릇이라는 자부심을 확인합시다. 그리

고 그 귀한 보배, 예수 그리스도를 자식들에게도 물려줍시다.

3. 보배를 질그릇에 가지면 어떻게 되는가를 말씀하고 있습니다(8-9).

나는 질그릇입니다. 그러나 그냥 질그릇이 아닙니다. 바울은 '예수 안에 지혜 지식의 모든 보화가 갖추어져 있다'고 했습니다(골 2:3). 나는 보화이신 예수님을 모신 질그릇입니다. 나는 깨질 수 있고 죽을 수 있습니다. 그러나 보배가 깨지는 것은 아닙니다. 내가 죽는다고 예수가 죽는 것은 아닙니다. 내가 망한다고 예수가 망하는 것은 아닙니다. 내가 넘어지고 실패한다고 예수도 실패하는 것은 아닙니다. 내 안에 예수 생명을 담고 있기 때문입니다.

낙심하지 마십시오. 포기하지 마십시오. 물러서지 마십시오. 보배를 담으십시오.

우리들의 고백이 중요합니다.

낙심하지 않겠습니다! 포기하지 않겠습니다! 물러서지 않겠습니다! 보배를 담겠습니다! 아멘.

▶ **학습 문제**

(1) 질그릇 이야기에서 알 수 있는 하나님은 누구십니까(사 64:8; 롬 9:21)?

답: 하나님은 토기장이시고, 흙으로 사람을 빚으셨습니다.

(2) 예수 담은 존귀한 질그릇인 우리에게 주어진 사명은 무엇입니까?

답: 귀한 보배이신 예수 그리스도가 자녀들의 마음에도 담기도록 도와야 합니다.

기도

토기장이신 하나님, 우리를 빚으신 그 뜻을 분별하여 보배이신 주님을 위하여 충성하는 한 해가 되게 하소서. 예수님의 이름으로 기도합니다. 아멘.

중보기도

(1) 예수 결핍증을 앓고 있는 사람들이 예수 생명을 담고 절망에서 벗어나게 하소서.

(2) 실패와 좌절로 어두운 터널을 지나는 젊은이들에게 참된 빛을 비추어 주옵소서.

▶ 만남의 준비

아모스 5장 4-8절을 읽고 '바르게 사는 삶'에 대해서 생각해 봅시다.

6. 찾으라 그리하면 살리라

> 성경 : 아모스 5:4-8 (외울 말씀 4절)
> 찬송 : 93장(93), 527장(317)
> 주제 : 우리의 예배는 예수를 찾고, 만나고, 믿는 것입니다.

아모스는 당시 이스라엘 사람들의 신앙태도를 지적합니다. 그들은 가난한 자, 약자를 억압하고 학대했습니다(2:6, 5:12). 신앙을 버리고 하나님을 떠났습니다(4:4, 5:5, 21-24등). 사치와 방탕에 빠졌습니다"(6:4-5). 더 큰 문제는 잘못된 선민의식입니다. '우리는 선민이다. 그래서 아무 문제 없다'라는 선민의식에 도취 된 채 온갖 죄를 범하고 있었습니다. 이런 이스라엘을 바라보시는 하나님의 마음은 어떠했겠습니까? 야단치고, 경고하고, 매를 때려도 그들은 깨닫지도 돌아오지도 않았습니다. 그들을 향해 하나님은 "너희가 내게로 돌아오지 아니하였느니라"고 5차례나 반복해 말씀하셨습니다(4:6, 4:8, 4:9, 4:10, 4:11). 그러면서 "이스라엘아 네 하나님 만나기를 준비하라"고 했습니다(4:12).

1. 벧엘을 찾지 말라(5절).

벧엘은 예루살렘 북쪽 17km정도 떨어진 곳에 위치하고 있습니다. 벧엘은 '하나님의 집'이라는 뜻입니다. 일찍이 아브라함이 하나님께 단을 쌓고 경배드린 곳이었고(창 12:8), 야곱이 돌단을 쌓고 하나님을 예배한 곳(창 28:18), 그리고 훗날 가족과 함께 찾아가 단을 쌓고 제사 드린 곳입니다(창 35:7).

그런데 북왕국 초대 왕인 여로보암은 벧엘에 금송아지를 만들어 세우고 우상숭배를 시작했습니다(왕상 12:28). 조상들이 하나님 만났던 곳, 하나님께 예배드리던 곳에 우상을 세우고 숭배한 것입니다. 그러니까 벧엘을 찾지 말라는 것은 우상숭배 하지 말라. 하나님 떠나지 말라는 것입니다.

사는 길은 단순합니다. 하나님을 찾으면 됩니다. '물건을 찾으라 돈을 찾으라'가 아닙니다. 사는 길을 찾으라는 것입니다(요 14:6).

왜 아모스서는 찾으라는 말씀을 반복할까요? 그것은 그 길만이 해법이고 정답이기 때문입니다.

2. 어떻게 하나님을 찾아야 합니까?

첫째, 믿고 찾아야 합니다. 하나님을 찾아야 산다는 믿음이 있어야 합니다. 예수님이 십자가에 달리셨을 때 양편에 강도들이 못 박혀 있었습니다. 한편에 강도가 예수 당신이 한 일은 다 옳습니다. "당신의 나라에 임하실 때 나를 기억하소서"(눅 23:42)라고 했습니다. 그에게 예수님은 "오늘 네가 나와 함께 낙원에 있으리라"(43)고 하셨습니다. 그 강도는 믿고, 찾고, 구원을 받은 것입니다. 죄사함 받는 것, 용서받는 것, 사는 길을 찾는 것은 오직 믿음입니다.

둘째, 갈망해야 합니다. 시편 42:1을 보면 "하나님이여 사슴이 시냇물을 찾기에 갈급함 같이 내 영혼이 주를 찾기에 갈급하니이다"라고 했습니다. 마틴 루터는 '갈급하다'를 '헐떡거리다, 울부짖다'라고 해석했습니다. 목말라 죽어가는 사슴이 헐떡거리고 울부짖으며 물을 찾는 것처럼 하나님을 찾아야 합니다. 찾아도 그만 안 찾아도 그만이 아닙니다. 만나도 그만, 안 만나도 그만이 아닙니다. 믿어도 그만, 안 믿어도 그만이 아닙니다. 기필코, 반드시, 절대로 찾아야 합니다. '그리하면 살리라'고 했습니다(사 55:6).

지금! 지금만 내 시간입니다. 어제도, 내일도, 내 시간이 아닙니다. 오늘, 지금만 내 시간입니다. 여기! 내가 서 있는 곳, 내가 앉아 있는 여기가 내 자리입니다. 그러니까 지금 여기서 하나님을 찾고 그 이름을 불러야 합니다(롬 10:13).

우린 이미 하나님을 찾고 만난 사람들입니다. 그러나 방심하고, 한눈팔고, 다른데 정신 뺏기면 하나님을 잃어버립니다. 순간순간 함께 살아야 합니다.

"내 안에 거하라 나도 너희 안에 거하리라"(요 15:4)

"나를 떠나서는 너희가 아무것도 할 수 없음이라"(요 15:5) 아멘!

▶ 학습 문제

(1) 예배자로서 찾아야 하는 것은 무엇입니까?(4-6, 요 14:6)

답: 사는 길, 살리는 길, 생명 길, 영생의 길이신 예수님을 찾아야 합니다.

(2) 어떻게 하나님을 찾아야 합니까?(시 42:1, 사 55:6)

답: 구원하심을 믿고, 갈망하고, 바로 지금 하나님을 찾고 예배해야 합니다.

☀ 기도

하나님 아버지, 하나님을 찾고 만난 성도로서, 방심하거나 한눈팔지 않고 순간순간 주와 동행하는 예배자로 살게 하소서. 예수님의 이름으로 기도합니다. 아멘.

🌱 중보기도

(1) 항존직분자들이 주님의 본을 따르는 참된 예배자가 되게 하옵소서.

(2) 전쟁과 질병과 기후위기 속에 고통당하는 나라를 구원하여 주옵소서.

▶ 만남의 준비

시편 62장 1-12절을 읽고 피난생활을 했던 다윗을 생각해 봅시다.

7. 피난처

성경 : 시편 62:1-12 (외울 말씀 8절)
찬송 : 70장(79), 370장(455)
주제 : 피난처이신 예수님이 직접 우리를 찾아 오셨고, 우리와 함께하십니다.

르네상스 시대를 대표하는 미켈란젤로의 작품 가운데 다윗 조각상은 골리앗과 맞서 돌팔매를 던지는 역동적 모습을 표현한 작품입니다. 다윗은 강하고 힘 있고 권력 있고 건강한 사람의 상징입니다. 그런 그가 '내가 힘이다'라고 하지 않고 하나님이 요새, 힘, 반석, 피난처, 구원이시라고 고백한 점을 주목해야 합니다. 다윗처럼 건강하고 힘이 있고 용기가 있고 권력이 있고 부귀가 있고 성공하고 행복하더라도 '나의 피난처는 하나님이시다'라는 신앙과 고백이 필요합니다.

1. 모든 사람은 피난처가 필요합니다.

피난처는 「마하쎄」라는 단어입니다. 그 뜻은 비바람을 피하는 곳, 위험을 피할 수 있는 곳입니다. 거기가 어디입니까? 다윗은 "주는 나의 은신처이오니 환난에서 나를 보호하시고 구원의 노래로 나를 두르시리이다(시 32:7)"라고 했고, "주는 나의 피난처시요 원수를 피하는 견고한 망대이심이니이다(시 61:3)"라고 했습니다. 다윗은 왕이 된 이후에도 자신을 과대평가하거나 포장하지 않았습니다. "왕이신 나의 하나님이여 내가 주를 높이고 영원히 주의 이름을 송축 하리이다(시 145:1)", 하나님을 '왕'이라고 고백하고 '주'라고 불렀습니다. 겉치레로 마지못해 '하나님이 왕이십니다. 송축합니다'가 아니라, 날마다 왕이신 하나님을 송축하면서 하나님은 왕이시고 자신은 종이라고 고백합니다.

다윗은 계속해서 수를 셀 수 없을 정도로 신앙을 고백합니다. "주는 나의 힘, 요새, 방패, 바위, 피난처, 구원이시라" 산이 겁나는 사람은 등산을 못 합니다. 바다가 겁나는 사람은 선장이 못 됩니다. 실패가 무서운 사람은 진보가 없습니다. 역사의 주인공이 될 수 없습니다. 자신을 믿는 사람, 자신의 힘을 의지하는 사람은 하나님이 함께하지 않으시고 도와주시지 않습니다. 그러나 하나님을 산성, 요새, 바위, 피난처, 구원이라고 믿고 고백하는 사람은 겁날 게 없습니다.

도피성과 피난처의 차이가 있습니다. 도피성은 여섯 군데 정해져 있었고 직접 찾아가야 했습니다. 그러나 피난처는 찾아 나설 필요가 없습니다. 하나님이 피난처이시기 때문입니다. 도피성은 지리적 개념이고 피난처는 영적 의미입니다. 도피성은 죄지은 사람이 찾아가는 곳이지만 피난처는 피난처이신 하나님이 직접 죄인을 찾아오셨고(성육신, incarnation), 우리와 함께하십니다. 이 세상에 피난처, 피할 곳, 안전한 곳은 없습니다. 권력도 돈도 명성도 지식도 과학도 피난처가 아닙니다.

2. 어떻게 대처해야 합니까?

첫째는 겁내거나 두려워하지 말아야 합니다. '큰일 났다. 어떻게 해야 돼? 끝장났다'라며 겁내고 두려워하고 염려할 수 있습니다. 절망하고 낙심할 수 있습니다. 그러나 걱정한다고 문제가 해결됩니까? 밤새워 조심하면 근심이 사라집니까? 걱정도 반복하면 습관이 됩니다. 걱정은 걱정을 낳고, 근심은 근심을 낳고, 불안은 불안을 낳습니다. 할수록 커지고 덩치가 커집니다. 그러다 절망의 나락으로 떨어집니다.

둘째는 하나님께 맡기는 것입니다.

다윗은 "여호와는 나의 빛이요 나의 구원이시니 내가 누구를 두려워 하리요 여호와는 내 생명의 능력이시니 내가 누구를 무서워 하리요"(시 27:1)라고 고백합니다. 성경은 우리에게 겁내지 말라, 걱정하지 말라, 염려하지 말라, 불안해 하지 말라, 나는 너의 하나님이다, 내가 있다, 내가 해결한다, 내가 너와 함께 한다, 믿으라, 맡기라!고 말씀합니다(사 41:10; 요 14:1; 벧전 5:7).

영원한 피난처! 안전한 피난처! 살아계신 피난처! 날마다 피난처!

나의 주, 나의 하나님! 아멘

▶ 학습 문제

(1) 피난처는 어떤 사람에게 필요합니까?(시 57:1, 시 61:4)

답: 건강하고 권력과 부귀, 성공과 행복이 있다고 하더라도 모든 사람에게 필요합니다.

(2) 경제적, 정신적 손실을 경험할 때 어떻게 해야 합니까?(시 27:1, 벧전 5:7)

답: 겁내거나 두려워할 것이 아니라 하나님께 맡겨야 합니다.

☀ 기도

하나님 아버지, 불안과 염려로 고달픈 때를 겪을 때, 주님께 전부 맡길 수 있는 믿음과 용기를 가진 예배자가 되게 하옵소서. 예수님의 이름으로 기도합니다. 아멘.

🌿 중보기도

(1) 과학기술의 발달과 함께 찾아오는 정신적인 질병을 앓고 있는 사람들을 찾아주옵소서.

(2) 하나님을 예배하는 사람들이 가정과 일터, 이웃과 사회의 소금과 빛이 되게 하옵소서.

▶ 만남의 준비

요한복음 1장 9-14절을 읽고 거울 앞에서 서서 '나는 어떤 사람인가' 생각해 봅시다.

8. 사람 만나러 오신 하나님

> 성경 : 요한복음 1:9-14 (외울 말씀 14절)
> 찬송 : 96장(94), 218장(369)
> 주제 : '바로 믿고 바로 살고', 신앙의 리모델링이 필요합니다.

요한복음 1장은 사람을 만나러 오신 예수님을 설명합니다. 예수 그리스도가 누구신가, 왜 오셨는가, 반응은 어떠했는가를 설명해 줍니다.

1. 예수님은 어떤 분이십니까?

요한복음 1장은 이렇게 설명합니다. 태초에 말씀으로 하나님과 함께 계셨다(1-2절), 천지를 함께 창조하셨다(3절), 생명이시고 빛이시다(4절), 육신이 되어 우리 가운데 거하셨다(14절), 은혜와 진리가 충만하시다(14절) 등 다양하게 설명합니다.

중요한 요점은 본래 하나님이셨는데 인간의 몸을 입고 이 땅에 오셨다는 것입니다.

2. 왜 사람으로 오셨습니까?

요한복음 3:16은 "하나님이 세상을 이처럼 사랑하사 독생자를 주셨으니"라고 했습니다.

'주셨으니'는 헬라어로 '디도미'인데 그 뜻은 '보내다, 넘겨주다, 값을 지불하다'입니다. 죽으라고 보내셨고 재판에 넘기셨고 십자가에 죽으심으로 죄 값을 지불하셨습니다. 사람이 되시고 종이 되시고 십자가에 죽으시고... 그 일 때문에 오셨습니다.

3. 반응은 어떠했습니까?

환영하지도 영접하지도 사랑하지도 않았습니다(요 1:5, 11; 3:19). 오히려 십자가에 못 박아 죽였습니다. 예수님은 천지를 창조하신 주인이십니다. 그 주인이 자기 땅에 사람의 형체를 입고 오셨는데 백성들이 주인을 박해하고 죽인 것입니다.

누가복음 20:9-17을 보면 포도원 농부들이 주인의 아들을 죽인 이야기가 나옵니다. 포도원 주인이 다른 나라에 가면서 농부들에게 농사를 맡겼습니다. 얼마 후 종들을 보내 이익금을 가져오라고 했습니다. 세 차례 반복해서 종들을 보냈지만, 농부들은 그때마다 때리고 능욕하고 쫓아버렸습니다. 주인은 아들을 보냈습니다. 설마 아들은 때리지 않겠지라는 기대를 했기 때문입니다. 그러나 농부들은 상속자니까 죽이고 포도원을 빼앗자며 그 아들을 죽였습니다.

4. 우리는 어떻게 해야 합니까?

누구 만나러 오셨습니까? 누구 때문에 오셨습니까? 누구를 구원하러 오셨습니까?

나를 위해 오셨고, 나를 섬기러 오셨고, 나를 찾으러 오셨고, 나를 구원하러 오셨습니다.

첫째, 믿어야 합니다.

과학과 신앙의 차이점이 있습니다. 과학은 알고 나서 믿는 것, 신앙은 믿고 나서 아는 것입니다. 초대 교부 어거스틴은 "믿고 나서 안다"

고 했습니다. 신앙은 지식의 세계도 아니고 탐구의 세계도 아닙니다. 믿음으로 아는 세계, 믿음으로 걸어가는 세계입니다. 그래서 "나는 안다"가 아니고, "나는 믿는다"라는 고백이 필요합니다.

둘째, 가르침을 따라야 합니다

주님의 가르침을 한마디로 요약하는 것은 어렵습니다.

그러나 예수님 때문에 살아야 하고 예수님 때문에 열심을 내야 하고 섬겨야 합니다. 성경이 강조하는 교훈을 8자로 요약할 수 있습니다. '바로 믿고 바로 살고'입니다. 고쳐야 될 것, 바꿔야 할 것, 리모델링 해야 할 것은 나만 압니다. 그리고 주님만 아십니다. '바로 믿고 바로 살고' '말씀대로!'

셋째, 최선을 다해야 합니다

하나님은 우리에게 일과 일터를 주셨습니다. 가정도, 가게도, 직장도, 사업장도 일터입니다. 그리고 교회도 하나님이 주신 일터입니다. 하나님의 일터를 소홀히 하지 맙시다. 교회를 위해 내가 할 수 있는 일은 뭘까? 교회에서 나를 필요로 하는 일은 무엇일까? 크든 작든 그 일에 최선을 다합시다. 나를 리모델링 합시다. 아멘!

▶ 학습 문제

(1) 예수님은 왜 사람으로 오셨습니까?(빌 2:6-8, 요 3:16)

답: 예수님은 십자가에 죽으심으로 우리 죗값을 지불하시기 위해 사람으로 오셨습니다.

(2) 하나님을 예배하는 구원받은 성도는 어떻게 살아야 합니까?

답: 믿고, 가르침을 따르고, 최선을 다해 리모델링을 해야 합니다.

❋ 기도

사랑의 하나님, 우리에게 주신 일과 일터를 위해 최선을 다하는 예배자로 살게 하소서. 예수님의 이름으로 기도합니다. 아멘.

❋ 중보기도

(1) 바른 신앙과 균형 생활로 최선을 다하는 한국 교회 교인들의 가정과 일터를 지켜주옵소서.

(2) 학업과 진로에 대해 걱정하는 청소년과 청년들을 바른 길로 인도하옵소서.

▶ 만남의 준비

누가복음 22장 31-34절을 읽고 주님과 함께하는 제자의 길을 생각해 봅시다.

9. 주님과 함께

성경 : 누가복음 22:31-34 (외울 말씀 32절)
찬송 : 325장(359), 481장(531)
주제 : 주님의 손을 잡고 함께 걷고 함께 일하고 함께 사는 것이
예배입니다.

베드로는 성격상 감추거나 꼼수를 부리거나 뒷담화를 하는 사람이 아닙니다. 그러나 다른 제자들과 자신을 비교한 것 '다 주를 버려도 나는 안 버립니다' 라고 장담한 것은 잘못입니다.

'나는', '내가'를 강조하는 것은 영적 교만이고, 신앙적 우월감이고, 자만입니다.

나는 잘 믿는다, 나는 다 옳다, 내가 너보다 더 낫다, 이런 사람은 자신을 보는 눈이 어둡고 마음속엔 교만이 자리 잡고 있는 사람입니다.

인생도, 신앙생활도 내 맘대로 되지 않습니다. 장담만으로 되는 것이 아닙니다.

1. 베드로의 경우 자신의 장담을 지키기엔 환경이 힘들었습니다.

설마 체포되리라곤 생각지 않았던 예수님이 재판 법정에 서게 되자 불안했습니다. 겁이 났습니다. 그래서 부인한 것입니다(마 26:70, 72, 74, 75; 막 14:72; 눅 22:62). 그러나 대성통곡했습니다. 가슴을 치며 울었습니다. 통곡만 했을까요? '주님 저는 나쁜 사람입니다. 저는 허풍쟁

이입니다. 건방지고 교만한 자입니다. 잘못했습니다. 죄인입니다. 저를 용서해 주십시오'라고 했을 것입니다.

우린 어떻습니까? 눈물이 메말라가고 통곡이 없습니다. 자아통찰도 없습니다. 잘못했습니다. '제가 죄인입니다'라는 고백도 없습니다. '제가 죄인입니다'라고 고백하면 주님은 '맞다. 너는 죄인이다. 죄값 치르고 벌 받아라'고 하십니까? 아닙니다. 통곡하는 베드로를 버리지 않으신 것처럼 결코 나를 버리거나 포기하지 않습니다.

예수님을 세 번씩이나 부인했던 베드로는 통곡하고 돌아섰습니다. 본심을 회복한 것입니다. 그날 이후 베드로는 신앙을 회복했고, 자기 자리를 되찾았습니다. 그래서 그날부터 주님이 가신 길을 따라 걸었습니다. 주님과 함께했습니다. 그리고 주님을 위해 살다가 십자가를 졌습니다. 만일 그때 거기서 베드로가 말씀이 생각나지 않았더라면, 어부로 돌아갔거나 배신의 아픔을 지닌 채 평생을 살아야 했을 것입니다. 그러나 그는 '함께 하겠다'는 약속을 지켰습니다.

2. 그러면 하나님과 동행하고 기쁘시게 하는 방법이 무엇일까요?

'예배입니다' 예배로 동행하고 예배로 기쁘시게 해드립니다.

예배가 무엇입니까? 예배학에서 말하는 원리를 따질 필요가 없습니다. 예배란 피조된 인간이 창조주 하나님께 드리는 경배와 찬양입니다. 하나님 높이고, 기쁘시게 해드리는 것이 예배입니다. 그리고 몸과 마음을 드리는 것이 바른 예배입니다. 예배를 통해 찬양을 드리고 예물을 드리고 기도를 드립니다. 예배를 통해 말씀을 듣고 삶을 돌아보고 결단합니다. 예배를 통해 하나님과 교제하고 성도가 교통합니다. 예배를 통해 만남과 교제가 이뤄집니다.

선교도 사람이 대상이고, 교육도 친교도 봉사도 대상이 사람입니다.

그러나 예배는 하나님이 대상이십니다. 그래서 그 무엇보다 하나님께 드리는 예배가 최우선입니다. 예배 없는 선교, 교육, 봉사, 친교는 의미가 없습니다. 바른 예배를 드려야 바른 신앙이 성립됩니다.

교회 안 나올 조건을 찾으면 수십 가지가 넘을 겁니다. 그러나 교회 나와야 하는 이유는 분명합니다. "예배당에 나와서 예배를 드려야 하니까"입니다.

예배가 무너지면 신앙도 무너지고 교회도 무너집니다.

힘들더라도 어렵더라도 성공했더라도 실패했더라도 건강하더라도 몸이 아프더라도 주님과 함께하십시다. 주님 떠나거나 멀리하지 맙시다. 주님 바라보고 그 이름 부르고 주님 손 잡고 함께 걷고 함께 일하고 함께 삽시다.

주님과 함께! 주님을 위하여! 주님 때문에!

▶ 학습 문제

(1) 베드로의 배신에는 어떤 반전이 있었습니까?(막 14:72, 눅 22:62)

답: 베드로는 주님이 하신 말씀이 생각나 깨닫고 뉘우치고 통곡했습니다.

(2) 예배의 회복을 위해 어떤 자세가 필요합니까?

답: 힘들더라도 어렵더라도 성공했더라도 실패했더라도 건강하더라도 몸이 아파도 주님을 바라보고 그 이름을 불러야 합니다.

✳ 기도

창조주 하나님, 하나님을 높이고 기쁘시게 해드리기 위해 바른 예배, 바른신앙을 갖게 하소서. 예수님의 이름으로 기도합니다. 아멘.

❊ 중보기도

(1) 천지만물 다 변해도 하나님을 예배하는 곳마다 은혜와 평강을 주옵소서.

(2) 이웃과 일터, 사회와 나라를 위해 사랑을 전하는 한국 교회가 되게 하옵소서.

▶ 만남의 준비

요한복음 1장 35-39절을 읽고 나는 예수님의 초대에 대해 어떻게 응하고 있는지 묵상해 봅시다.

PART 02

김병삼 목사 편

10. 고난으로의 초대

성경 : 요한복음 1:35-39 (외울 말씀 39절)
찬송 : 292장(415), 314장(511)
주제 : 사순절을 지나며 우리는 예수님의 고난에 동참하게 됩니다. 예수님은 우리를 새로운 관계로 초대하시며, 이를 통해 우리는 깊은 친밀함 속에서 주님의 임재를 느끼게 됩니다. 사순절 동안 주님의 고난과 사랑을 기억하며 제자의 길로 나아가십시오.

누군가에게 초대를 받아본 적이 있으신가요? 우리는 누군가를 초대하기도 하고, 또 초대받기도 합니다. 이처럼 초대는 매우 일상적인 일입니다. 그러나 우리의 인생을 바꾸는 초대가 있습니다. 바로 예수님의 초대입니다. 예수님은 우리를 '제자의 길'로 초대하시며, 그 목적지는 부활의 영광입니다. 하지만 그 여정은 고난으로 가득합니다. 사순절은 예수님의 십자가 고난과 죽음을 기억하는 기독교의 중요한 절기입니다. 이 기간동안 우리는 제자의 길로 우리를 초대하신 주님의 사랑을 기억하며 우리를 위해 주님께서 받으신 고난을 생각하게 됩니다.

1. 와서 보라!

예수님은 사랑하는 두 제자를 보고 "와서 보라!"라고 말씀하시며 이들을 초대하십니다. 예수님의 초대는 단순히 그분의 말씀을 '듣는 것'만을 의미하지 않습니다. 이는 우리가 그분과 완전히 '새로운 관계'를 맺도록 요구합니다. 두 제자는 단순히 예수님의 말씀을 듣는 데 그치지 않았습니다. 이들은 예수님의 곁에 '머물렀고', 그분의 삶과 가르침을 직접 '체험했으며', 그분과 함께 '깊은 친밀함(Deep Intimacy)' 안에 거했습니다.

헨리 나우웬(Henri Nouwen)은 그의 저서 "예수의 길(Following Jesus)"에서 이렇게 말합니다. "하나님은 우리를 가족으로 살도록 초대하신다. 지금 당장 그 친밀한 교제 가운데 들어가도록 우리는 초대받았다. 따라서 예수님의 이름으로 말하거나 거하거나 행한다는 말은 그분의 이름이 내가 있는 곳 어디에나 계시다는 뜻이다..." 이처럼 우리는 주님과의 깊은 친밀함 안에서 주님의 임재를 느끼도록 하는 초대에 전심으로 응할 수 있어야 합니다.

2. 주님의 초대에 응하는 법

오늘 본문은 주님의 초대에 응하기 위해 우리가 해야 하는 세 가지에 대해 말합니다. 첫째는, '듣는 것'입니다. 우리를 주님의 초대로 인도하는 믿음의 동역자들이 있습니다. 우리는 동역자의 말에 언제든 귀를 기울일 수 있어야 합니다.

둘째는 '묻는 것'입니다. 두 제자는 주님의 초대를 받기 전, "주님 어디에 계십니까?"라고 주님께 묻습니다. 예수님은 우리를 종이 아니라 친구로 부르셨습니다. 주님께 궁금한 점을 묻는 것은 친밀함의 표시입니다. 마지막은 '거하는 것'입니다. 주님의 곁에 거해야 우리는 주님의 음성을 들을 수 있습니다. 이는 우리의 시간을 온전히 내려놓고 주님께만 집중하는 것을 뜻합니다. 우리는 주님의 곁에 거하기 위해 무엇을 하고 또 얼마의 시간을 드리고 있습니까?

3. 인생을 바꾸는 초대

우리가 주님의 초대에 응할 때, 우리의 삶은 새로운 차원으로 변화됩니다. 주님께서 우리를 부르신 이유는 우리가 원하는 길로 가도록 하기 위함이 아닙니다. 주님이 인도하시는 길로, 우리의 계획이 아닌 주님의 뜻을 따르며 살아가기로 결단해야 합니다.

사순절을 맞아, 우리를 초대하시는 그 길을 주님과 동행하며 신앙을 더욱 깊이 있게 다져나가시기 바랍니다. 때로는 고단하고 답답할 때도 있습니다. 그러나 그분은 우리에게 가장 좋은 것을 주는 분이십니다. 주님께서 주시는 진정한 평안과 기쁨을 누릴 수 있게 되시기를 주님의 이름으로 소망합니다.

▶ **학습 문제**

(1) 나는 예수님의 초대에 어떻게 응하고 있습니까?

답: 예수님의 초대는 단순히 말씀을 듣는 것 이상으로, 주님과 깊은 친밀함을 맺는 것을 의미합니다. 주님의 임재를 체험하며 그분의 사랑을 느끼고 있습니까? 주님의 초대에 응하기 위해 지금 나는 어떤 준비를 하고 있는지 돌아봅시다.

(2) 믿음의 동역자들의 말을 경청하고 있습니까?

답: 믿음의 동역자들의 말을 귀 기울여 듣는 것은 주님의 초대에 응하는 첫걸음입니다. 나는 나의 감정과 판단으로 사람을 대하고 있지는 않습니까? 주님을 가리키는 동역자들의 말을 경청하며 편견 없이 주님께 나아갈 때 우리는 온전히 주님께 집중할 수 있게 됩니다.

☘ 기도

우리를 새로운 삶으로 초대해 주신 주님, 주님과의 깊은 친밀함 속에서 주님의 사랑과 임재를 느끼게 하옵소서. 주님께로 인도하는 믿음의 동역자들의 말을 경청하고, 주님께 나의 궁금증을 질문하며, 주님 곁에 머무는 자가 되기를 원합니다. 예수님의 이름으로 기도드립니다. 아멘.

☘ 중보기도

(1) 주님의 초대에 믿음으로 응하여 깊은 친밀함 속에서 주님과 동행하도록 도와주소서.
(2) 주님의 말씀을 듣고 묻고 거함으로, 주님의 임재를 체험하게 하소서.

▶ 만남의 준비

누가복음 6장 27-35절을 묵상하며 원수를 사랑하라고 하신 예수님의 말씀을 생각해 봅시다.

11. 사랑으로의 초대

성경 : 누가복음 6:27-35 (외울 말씀 27절)

찬송 : 569장(442), 305장(405)

주제 : 처음 사랑을 회복할 때, 원수를 사랑하라 말씀하신 예수님의 가르침을 실천할 수 있습니다. 아직 죄인이었을 때 나를 무조건적으로 사랑하신 주님의 처음 사랑을 기억하고 이를 삶에서 실천함으로 참된 자유를 누리십시오.

오늘날 우리는 사랑에 관한 이야기들을 쉽게 접합니다. 거리는 사랑을 노래하는 가요들로 가득합니다. 기독교 역시 사랑에 대해 이야기합니다. 하지만 그 사랑은 세상이 말하는 사랑과 다릅니다. 세상의 사랑에는 '기준'이 있습니다. '눈에는 눈, 이에는 이'라는 말처럼, 세상의 사랑은 상대가 나에게 어떻게 하느냐에 따라 다르게 반응합니다. 그런데 예수님은 이러한 기존의 틀을 완전히 깨뜨리시고, '원수'를 사랑하라고 하십니다. 예수님을 통해 역사 속으로 처음 전해진 말씀이 바로 '원수 사랑'입니다.

1. 원수를 사랑하라.

예수님께서 제자들과 무리들에게 "원수를 사랑하라"는 말씀을 전하신 장면은 당시 유대인들에게 매우 충격적이었을 것입니다. 어떤 랍비도 지금까지 이런 메시지를 전하지 않았습니다. 세상의 어떤 종교

3월 / 사순절을 맞이하여 자신을 성찰하는 달 + 57

도 원수를 사랑하라고는 가르치지 않습니다. 심지어 하나님께서 모세를 통해 알려주신 구약의 율법에서도 "이웃을 사랑하라"고만 했지, 원수를 사랑하라는 말씀은 어디에도 없었습니다.

마지막까지 사랑하고 싶지 않은 사람이 있다면 그건 바로 원수일 것입니다. 그런데 왜 예수님은 우리에게 "원수를 사랑하라"고 말씀하실까요? 이는 단순한 도덕적 훈계가 아닙니다. 원수를 향한 미운 마음을 참고 억지로 사랑하라는 뜻도 아닙니다. '내가 할 수 없는 일' 그러나 '하나님으로서는 하실 수 있는 일'이라는 사실을 깨닫고, 하나님께만 집중하라는 뜻입니다.

2. 처음 사랑의 회복

우리 모두에게는 치유되지 않은 상처가 있습니다. 사람들과의 관계 속에서 자신의 요구가 충족되지 않을 때, 혹은 인정받지 못하거나 사랑받지 못할 때 우리는 상처를 받습니다. 이러한 상처는 시간이 지나도 잊혀지지 않고 오히려 깊숙이 남아 다른 사람과의 관계에 영향을 미치며 결국 서로 '원수'가 되게 합니다. 사순절은 단순히 우리의 고난에만 집중하는 시간이 아닙니다. 나의 아픔과 연약함을 주님께 맡기고, 그 안에서 치유받고자 하는 결단이 필요합니다.

우리는 어떻게 상처를 치유할 수 있을까요? 헨리 나우웬은 상처를 극복하는 첫 번째 단계로 '처음 사랑'을 알아야 한다고 말합니다. '처음 사랑'은 나를 향하신 하나님 아버지의 사랑입니다. 우리가 '아직 죄인 되었을 때 아들을 내어주신'(롬 5:8) 사랑입니다. 그 사랑은 조건도 없고 한계도 없는 근원적 사랑입니다. 나우웬은 다음과 같이 말합니다. "원죄를 말하기 전에 우리는 하나님의 근원적 사랑에 대해 말해야 한다. 그 처음 사랑이 모든 인간관계의 기초다."

3. 처음 사랑의 실천

이처럼 우리는 하나님으로부터 가장 큰 사랑을 받은 존재임을 인식해야 합니다. '처음 사랑'이 '원수 사랑'뿐만 아니라 우리가 행하는 모든 사랑의 기초가 되어야 합니다. 나우웬은 이를 위한 구체적인 실천 방법으로 두 가지를 강조합니다. 첫째는 '원수를 위해 기도하는 것'입니다. 기도는 우리의 마음을 변화시키는 가장 강력한 도구입니다. 원수를 위해 기도하는 것이 쉽지 않을 수 있습니다. 그러나 그 과정에서 놀라우신 하나님의 사랑을 깊이 경험하게 될 것입니다.

다음으로는 '용서와 섬김'입니다. 원수를 사랑하는 것은 단순한 감정의 문제가 아닙니다. 예수님은 말로만 원수를 사랑하라고 말씀하지 않으셨습니다. 친히 십자가에 달려 그 사랑을 확증하셨습니다. 마찬가지로, 사순절 기간 우리는 '처음 사랑'이 우리의 행동을 변화시키는 데에까지 이르도록 해야 합니다. 작은 발자취라도 괜찮습니다. 그 길은 우리 주님께서 앞서 걸으신 길입니다. 우리는 그저 예수님의 사랑을 따라가는 것입니다.

▶ 학습 문제

(1) 세상의 사랑과 예수님의 사랑의 차이는 무엇입니까?

답: 세상의 사랑은 조건적입니다. 예수님의 사랑은 무조건적입니다. 사랑의 원인을 하나님 자신에게서 찾습니다. 처음 사랑을 회복하고 모든 관계에서 이 사랑을 실천하십시오.

(2) 원수를 사랑하지 못하도록 나를 막고 있는 것은 무엇입니까?

답: 세상은 우리가 우리 삶의 주인이 되어서 원수를 심판하고 징계하라고 말합니다. 하나님의 사랑을 깨닫고 원수를 향한 미움과 원한으로부터 해방되십시오. 그리고 온전히 하나님께 맡기십시오.

🌿 기도

사랑의 하나님, 원수를 사랑하라 말씀하셨던 주님의 가르침을 따라 살기를 원합니다. 우리의 상처와 결핍을 치유하시고, 아무런 조건 없이 우리를 사랑해주셨던 그 처음 사랑을 기억하게 하여 주시옵소서. 원수를 위해 기도하고, 용서하고 섬김으로 주님의 명령을 실천하기 원합니다. 사랑함으로써 얻는 자유를 만끽하게 하옵소서. 예수님의 이름으로 기도드립니다. 아멘.

🌿 중보기도

(1) 처음 사랑을 회복하여 모든 관계에서 주님의 사랑을 드러내게 하옵소서.
(2) 나의 모든 부정적인 감정을 하나님께 온전히 맡김으로 자유하게 하옵소서.

▶ 만남의 준비

마태복음 11장 28-30절을 묵상하며 예수님께서 주시는 쉼의 의미를 깊이 생각해봅니다.

12. 안식으로의 초대

성경 : 마태복음 11:28-30 (외울 말씀 28절)
찬송 : 337장(363), 93장(93)
주제 : 예수님께서는 우리의 고난에 함께하시며, 진정한 쉼을 주십니다. 나의 십자가를 주님께 연결하십시오. 고난 중에서도 주님의 긍휼과 사랑을 신뢰하며 나의 십자가를 주님께 온전히 맡길 때, 두려움을 이기도록 하는 주님의 사랑을 경험하게 될 것입니다.

'긍휼'이라는 영단어 'compassion'은 라틴어 'com'(함께)과 'passio'(고난 당하다)라는 말을 합한, 즉 '함께 고난 당함'이라는 뜻입니다. 예수님은 이 땅에 인간의 몸을 입고 오셔서 우리의 아픔에 공감하셨을 뿐만 아니라 십자가 고난을 겪으셨습니다. 이제 그 예수님께서 자신의 고난을 우리에게 보여주시며 우리 또한 그 고난에 동참하라고 말씀하십니다. 그러나 예수님은 그 고난 중에도 우리와 함께하십니다. 심지어는 우리 각자가 지고 가야 하는 십자가 고난 중에서도 주님은 그 짐을 함께 짊어지시며 우리와 함께하십니다.

1. 고난을 함께하시는 이유

예수님은 "수고하고 무거운 짐 진 자들아 다 내게로 오라 내가 너희를 쉬게 하리라"고 말씀하시며, 우리에게 쉼을 약속하십니다. 주님께서 약속하신 쉼은 단순한 휴식이 아닙니다. 주님이 함께하시는 쉼입니다.

우리를 향한 하나님의 긍휼하심이 가장 명확하게 드러난 사건이 바로 '십자가'입니다. 주님께서는 십자가 위에서 우리의 모든 고난을 감당하셨으며, 이를 통해 우리에게 영원한 쉼과 생명을 주셨습니다. 예수님께서 우리의 고난에 연합하신 이유는 우리에게 참된 쉼과 생명을 주시기 위함입니다. 이러한 진리를 깨달은 바울은 예수님께서 우리를 위해 십자가에 달려 죽으신 이유가 "예수님과 함께 살게 하려 하심(살전 5:10)"이라고 고백합니다.

2. 고난을 나누라고 하신다.

이처럼 주님께서는 우리의 모든 순간에 '함께'하기를 원하십니다. 따라서 우리는 삶 속에서 겪는 많은 문제와 고난을 얼마든지 주님께 맡길 수 있어야 합니다. 주님께서는 우리에게 "제 십자가를 지고 나를 따르라"고 말씀하십니다. 십자가 진 상태 그대로, 그 아픔과 고난 그대로 예수님을 따르라고 말씀하셨습니다. 그리고 우리의 짐을 온전히 그분께 연결하라고 말씀하십니다.

우리의 십자가를 주님과 연결할 때, 우리는 그 고난 속에서 주님의 깊은 긍휼을 경험하게 됩니다. 이미 우리가 지고 있는 무거운 고통을 인정하고 온전히 주님께 맡기라는 뜻입니다. 나우웬은 이렇게 말합니다. "예수님은 십자가를 일부러 만들어 내거나 애써 찾아다니라 하지 않으시고, 그저 십자가를 지고 나를 따르라 하신다. 이는 자신의 고통을 들여다 볼 용기를 가지라는 말씀이다."

3. 두려움이 아닌 사랑으로

십자가를 지고 제자의 길을 걷는다는 것이 두려울 때가 있습니다. 그러나 예수님은 우리가 두려움이 아닌 사랑으로 그분을 따르기를 원하십니다. 요한복음 21장에서 부활하신 주님은 베드로에게 "네가 나를 '사랑'하느냐?"라고 물으시며, 사랑으로 그의 사명을 확인하셨습니다. 주님이 우리에게 요구하시는 것은 사랑 밖에 없습니다. 주님의 사랑 안에 거할 때, 우리는 두려움을 이겨낼 수 있습니다.

사순절의 중심에는 예수님의 십자가 고난이 있습니다. 예수님께서 "너희 십자가를 지라"고 하신 말씀은 우리의 상식을 뛰어넘는 도전입니다. 그러나 이 도전은 십자가 고난 중에도 우리와 함께하시는 예수님의 사랑을 바라보라는 뜻입니다. 나의 고난을 주님께 온전히 맡기십시오. 우리의 십자가를 주님과 연결할 때, 우리는 그분의 사랑과 긍휼 속에서 진정한 쉼과 평안을 누릴 수 있을 것입니다.

▶ 학습 문제

(1) "수고하고 무거운 짐 진 자들아 다 내게로 오라"라고 하신 말씀의 의미는 무엇입니까?

답: 예수님께서 주시는 쉼은 주님이 '함께하시는 쉼'입니다. 예수님은 우리에게 고난을 맡기라고 말씀하실 뿐만 아니라, 고난 속에서도 주시는 주님의 긍휼과 사랑을 누리기 원하십니다. 나의 고난과 짐을 주님과 연결하십시오. 주님의 평안이 우리의 마음을 가득 채우게 될 것입니다.

(2) 지금 내가 지고 있는 '십자가'는 무엇입니까?

답: 인생의 중대한 문제만이 십자가가 아닙니다. 우리의 삶에서 마주하는 모든 고난과 어려움이 우리의 십자가입니다. 주님께 고난을 맡기기 위해서 먼저는 내가 겪고 있는 고통과 슬픔을 들여다볼 수 있는 용기가 필요합니다. 지금 내가 지고 있는 십자가를 바라보십시오. 그리고 주님께 나의 십자가를 연결하십시오.

3월 / 사순절을 맞이하여 자신을 성찰하는 달 + 63

🌱 기도

사랑의 하나님, 우리를 고난 중에도 홀로 내버려두지 않으시고 함께하시며 진정한 쉼을 주시는 예수님의 마음을 깊이 알기 원합니다. 우리의 짐과 십자가를 나의 힘으로 살아내려고 하는 것이 아니라 주님께 온전히 맡기며 주님의 긍휼과 사랑을 깊이 경험하게 하옵소서. 두려움이 아닌 사랑으로 주님을 따르며, 주님의 사랑 안에서 평안을 누리게 하옵소서. 예수님의 이름으로 기도드립니다. 아멘.

🌱 중보기도

(1) 우리의 고난을 주님께 온전히 맡기고 진정한 쉼을 경험하게 하옵소서.
(2) 두려움이 아닌 사랑으로 주님의 길을 따르게 하옵소서.

▶ 만남의 준비

요한복음 16장 20-22절을 묵상하며 예수님께서 주시는 참된 기쁨의 의미를 깊이 생각해보십시오.

13. 기쁨으로의 초대

성경 : 요한복음 16:20-22 (외울 말씀 22절)
찬송 : 370장(455), 438장(495)
주제 : 예수님께서는 고난 속에서도 변치 않는 참된 기쁨을 주십니다. 하나님과의 친밀한 관계 안에 견고한 기쁨의 닻을 내리고 매일의 삶을 경축하며, 어떠한 상황에서도 소멸되지 않는 영원한 기쁨을 누리십시오.

제자의 길을 따르는 자들에게 주님께서 주시는 가장 큰 선물이 있습니다. 바로 '기쁨'입니다. 우리가 말하는 기쁨과 예수님이 말씀하신 기쁨은 차원이 다릅니다. 우리가 흔히 말하는 기쁨은 대부분 육체적, 정신적 차원에 국한되어 있습니다. 그러나 예수님은 '영적 차원'의 기쁨에 대해 말씀하십니다. 인생의 가장 어두운 터널을 지날 때, 우리는 어떻게 기뻐할 수 있을까요? 예수님의 기쁨이 어떤 외적인 상황이나 감정에 따라 변하지 않습니다. 이는 하나님이 함께하시는 기쁨이므로, 소멸되지 않는 영원한 기쁨입니다.

1. 고난 중에 발견하는 기쁨

예수님은 "너희는 근심하겠으나 너희 근심이 도리어 기쁨이 되리라"고 말씀하시면서 다가올 슬픔에 대해 언급하시지만 오히려 그 슬픔이 기쁨으로 변할 것임을 강조하십니다. 어떻게 슬픔이 기쁨으로 변할 수 있을까요? 세상은 우리가 경험하는 슬픔이나 불행을 술을 마시며 잠시 피하고 잊게 할 수는 있습니다.

예수님의 기쁨은 슬픔을 극복하는 기쁨입니다. 이는 지극히 어려운 상황 가운데서도 여전히 건재한 기쁨입니다. 히브리서 12장 2절은 예수님께서 "그 앞에 있는 기쁨을 위하여 십자가를 참으사 부끄러움을 개의치 아니하셨다"고 말합니다. 주님은 십자가 앞에서도 기쁨으로 인내하셨습니다. 이처럼 주님의 기쁨은 아무리 고통스러운 순간에도 우리가 한결같이 누릴 수 있는 참된 기쁨입니다.

2. 사랑으로 완성되는 기쁨

그렇다면 우리는 어떻게 예수님의 기쁨을 누리며 살 수 있을까요? 헨리 나우웬은 참된 기쁨의 비결이 '하나님과의 관계'에 있다고 말합니다. 예수님은 항상 하나님과의 친밀한 관계 속에서 샘솟는 듯한 기쁨을 누리셨습니다. 십자가에 못 박힐 때도, 사람들의 조롱과 핍박 속에서도 예수님은 하나님과의 친밀한 관계 안에 거하며 그분을 신뢰했기 때문에 어떠한 상황에서도 기쁨을 잃지 않을 수 있었습니다.

나우웬은 다음과 같이 말합니다. " '내 아버지는 결코 나를 혼자 두지 않으신다.' 이것이 바로 '기쁨의 닻'이다. 기쁨의 닻은 하나님 아버지와의 소통에 연결되어 있다..." 주님께서 우리에게 말씀하시는 기쁨이란 하나님께 견고한 닻을 두고 흔들리지 않는 기쁨입니다. 따라서 우리가 예수님을 통해 배워야 할 것은 슬픔을 잊는 법이 아닙니다. 슬픔 속에서도 견고한 기쁨의 닻을 내려 하나님과 친밀함 속에서 소통하는 법입니다.

3. 일상 속에서 누리는 기쁨

하나님과의 친밀함 속에 거하게 되면 우리는 매 순간을 '경축'하며 살 수 있습니다. 경축하라는 것은 단순히 좋은 순간만을 경축하는 것이 아닙니다. 이제껏 경축하지 못했던, 우리 삶의 고통스러운 순간, 심지어는 죽음조차도 피하지 않고 끌어안는 것입니다. 죽음을 경축한다는 것은 죽음이 바람직하기 때문이 아니라, 그 죽음이 우리를 최종적으로 지배할 힘이 없음을 선포하는 것입니다. 고통을 경축한다는 것은, 고통이 선해서가 아닙니다. 그 문제를 통해 우리가 하나님과 소통할 수 있기 때문입니다.

하나님께 기쁨의 닻을 내리게 되면 우리는 매일의 삶에서 경축할 이유를 찾을 수 있습니다. 우리는 순간을 경축했던 과거를 넘어, 영원한 희망과 평안을 소망할 수 있습니다. 매일의 삶 속에서 하나님의 사랑과 은혜를 발견하며, 날마다 주님 안에 견고한 기쁨의 닻을 내림으로 진정한 기쁨을 누리게 되시기를 소망합니다.

▶ 학습 문제

(1) 고난 중에서도 기뻐하십니까?

답: 예수님의 기쁨은 외적인 상황에 좌우되지 않는 영적인 기쁨입니다. 하나님과의 관계에서 비롯된 이 기쁨은 슬픔 속에서도 변하지 않으며 우리에게 참된 위로와 평안을 줍니다. 기쁨의 닻을 내리기로 결단하십시오. 영원한 기쁨이 우리 안에 샘솟게 될 것입니다.

(2) 매일을 경축하기 위해서 나는 무엇을 하고 있습니까?

답: 특별한 순간에만 감사드리고 있지는 않습니까? 주님은 우리에게 매순간 경축할 수 있는 이유가 되어주셨습니다. 매일의 삶 속에서 하나님과 소통하며, 그분의 임재 안에서 평안을 찾고, 작은 순간에도 감사의 이유를 찾으십시오.

✳ 기도

사랑의 하나님, 고난 속에서도 변치 않는 참된 기쁨을 주심에 감사드립니다. 주님과의 친밀한 관계 안에 기쁨의 닻을 내리게 하여 주옵소서. 특별한 순간만을 경축하는 것이 아니라 매일의 삶을 경축하며 주님이 날마다 주시는 참된 기쁨을 누리게 하옵소서. 예수님의 이름으로 기도드립니다. 아멘.

✳ 중보기도

(1) 주님과의 관계 안에 견고한 닻을 내리고 참된 기쁨을 경험하게 하옵소서.
(2) 외부의 상황과 조건에 좌우되지 않는 영원한 기쁨을 누리게 하옵소서.

▶ 만남의 준비

고린도전서 15장 14-20절을 읽으며 부활의 신앙과 하나님의 주권을 묵상해봅니다.

14. 부활 - 하나님의 주권

성경 : 고린도전서 15:14-20 (외울 말씀 20절)

찬송 : 160장(150), 260장(194)

주제 : 부활의 신앙이란 하나님의 주권을 인정하며, 그분의 계획과 섭리를 신뢰하는 것입니다. 우리 삶의 모든 영역에서 하나님의 주권이 가득함을 신뢰하며 일상 속에서 하나님의 인도하심을 구하고, 그분의 뜻에 따라 순종하는 것이 참된 믿음입니다.

"믿음이 좋다"는 말은 무슨 뜻일까요? 믿음의 문제는 우리의 핵심적 신앙 고백인 '부활'과 아주 밀접한 관계가 있습니다. 왜냐하면 '부활의 신앙'이야말로 우리에게 가장 근본적인 믿음의 의미를 묻기 때문입니다. 부활을 이해하기 위해서는 먼저 하나님의 주권에 대해 알아야 합니다. 하나님은 주권을 가지고 일하는 분이십니다. 떨기나무 앞에서 모세에게 말씀하신 것처럼, 하나님은 스스로 존재하시며 자신의 의를 이루기 위해 선을 행하는 분이십니다. 그리고 예수 그리스도의 부활은 하나님의 주권이 절정에 다다른 사건입니다.

1. 부활, 기독교의 핵심 진리

고린도전서 15장은 바울이 전하는 복음의 핵심이요, 기독교 신앙의 진수가 들어 있는 부분입니다. 바울은 우리가 믿는 '부활의 신앙'이야말로 가장 확실한 믿음이란 무엇인지 알려준다고 강조합니다. 15절에서 바울은 하나님께서 그리스도를 "다시 살리셨다"고 말합니다. 십자가 대속과 부활은 하나님께서 주권으로 이 땅 가운데 이루신 일입니다. 하나님은 아들을 이 땅에 보내 십자가에 달려 죽게 하셨고, 다시 살리셨습니다.

따라서 부활의 신앙이란, 단지 우리가 "주님의 부활을 믿습니다!"라고 말하는 차원의 문제가 아닙니다. 이는 창세 전부터 영원까지 스스로 의를 이루시는 하나님의 주권을 온전히 믿는다는 것이며, 그 하나님께서 지금도 우리를 지켜주신다는 확신 아래 담대하게 사는 것입니다. 즉, 참된 믿음이란 단순히 입으로 고백하는 것이 아니라, 하나님의 주권을 인정하고 그분의 섭리를 신뢰하는 삶의 태도를 의미합니다.

2. 하나님의 주권과 인간 창조

고대 메소포타미아는 당시 정치, 경제, 사회 모든 영역에서 세계 최고 지역이었습니다. 이들은 그들의 신과 인간에 대한 나름의 사고 체계를 구축합니다. 아브라함과 같은 시대를 살았던, 당시 최고로 똑똑했던 사람들은 신과 인간의 기원을 과중한 노동으로 인해 최고 신에게 불만을 품고 반란을 일으킨 '노예 신'의 노동을 대체하기 위해 만들어진 존재가 인간이라고 말합니다.

"눈에는 눈, 이에는 이"를 강조한 함무라비 법전도 당시 메소포타미아 문명의 산물입니다. 이런 엄격한 인과율의 법칙이 당시 사람들의 사고방식을 지배했습니다. 그러나 하나님은 창세기 1장 27절에서 사람이 노예 신이 아닌, "하나님의 형상대로 지음받았다"고 말합니다. 뿐만 아니라 하나님은 우리에게 통치의 사명을 맡겨주시고 자유 의지를 주셨습니다. 하나님의 주권이란 이런 것입니다. 노예를 자녀 삼아주신 사랑의 주권입니다.

3. 믿음이 좋다는 것

하나님의 주권은 지금도 우리의 직장, 가정, 개인 생활 등 삶의 모든 영역에서 나타납니다. 하나님의 주권을 신뢰할 때에만 우리는 시편의 기자가 고백한 것처럼 어떠한 상황에서도 "여호와는 나의 목자시니 내가 부족함이 없으리로다"라고 고백할 수 있습니다. 아무리 극심한 고난 중에서도 우리가 담대할 수 있는 이유가 있습니다. 십자가 죽음이 부활의 생명으로 이어졌듯이, 고난 속에서도 하나님의 선하신 주권을 믿는 것이 참된 믿음입니다.

팀 켈러 목사님은 이렇게 말했습니다. "예수님이 부활하심으로써 일상에서 누리게 된 가장 평범한 혜택은 부활하신 주님은 실제로 우리와 늘 함께 계신다는 것이다…" 부활의 신앙을 통해 하나님의 주권과 사랑을 발견하고, 그분을 온전히 신뢰하며 살아가는 우리가 되기를 주님의 이름으로 소망합니다.

▶ 학습 문제

(1) 부활의 신앙이란 무엇입니까?

답: 부활의 신앙은 예수 그리스도를 다시 살리신 하나님의 주권과 사랑을 신뢰하고, 그분의 인도하심을 따라 담대하게 살아가는 것을 의미합니다. 죽음조차 이기신 하나님의 주권을 신뢰하십시오. 그 안에서 깊은 평안과 안식을 누리게 될 것입니다.

(2) 하나님의 주권을 인정하기 위해 어떤 노력을 하고 있습니까?

답: 하나님의 주권을 인정하는 삶은 우리의 모든 일상 속에서 하나님의 인도하심을 구하며, 그분의 뜻에 따라 행동하는 태도를 의미합니다. 직장, 가정, 개인 생활 등 모든 영역을 하나님께 내어드리십시오. 선하신 하나님께서 가장 좋으신 길로 이끄실 것입니다.

기도

사랑의 하나님, 십자가에 달려 죽으신 예수 그리스도를 다시 살리신 하나님의 주권을 온전히 신뢰하게 하옵소서. 우리의 삶 속에 하나님의 주권이 미치지 않는 곳이 없음을 겸손히 고백하며 하나님의 인도하심을 따라 살기 원합니다. 어려운 상황 속에서도 주님의 선하신 뜻을 신뢰하며, 하나님의 계획을 믿고 따르게 하여 주옵소서. 예수님의 이름으로 기도드립니다. 아멘.

중보기도

(1) 예수 그리스도를 다시 살리신 하나님의 주권을 온전히 신뢰하게 하옵소서.
(2) 어려운 상황 속에서도 하나님의 인도하심을 구하며 담대하게 살게 하옵소서.

▶ 만남의 준비

빌립보서 2장 5-11절을 읽으며 예수님의 순종과 겸손에 대해 묵상해봅니다.

15. 부활 - 예수 그리스도의 순종

성경 : 빌립보서 2:5-11 (외울 말씀 8절)
찬송 : 449장(337), 524장(313)
주제 : 크리스천의 삶에서 순종은 단순한 외적 행동이 아닌, 하나님에 대한 온전한 신뢰와 헌신을 의미합니다. 예수 그리스도의 순종은 우리의 가장 완벽한 본이 되어주십니다. 주님처럼 자신을 비우고 하나님께 순종할 때, 하나님은 우리를 통해 놀라운 일을 이루십니다.

오늘 본문은 하나님께서 십자가에 달려 죽으시고 부활하신 그리스도를 "모든 이름 위에 뛰어나게 하셨다"고 말합니다. 그 이유는 무엇일까요? 이는 예수 그리스도께서 하나님의 말씀에 전적으로 '순종'하셨기 때문입니다. 예수님을 표현하는 단 하나의 단어를 꼽으라면 그것은 '순종'일 것입니다. 예수님은 하나님과 동등됨을 취할 것을 버리시고 종의 형체를 가져 죽기까지 하나님 앞에 순종하셨습니다. 이는 우리에게 가장 중요한 본보기가 됩니다.

1. 순종의 진정한 의미

만일 우리가 무엇을 '해야 하는 것'이 크리스천의 삶이고, 그것이 순종이라고 생각한다면 얼마나 많은 패배자들이 있을까요? 사도행전 7장은 유명한 스데반의 설교와 그 말에 찔림을 받은 사람들이 스데반을 돌로 쳐서 죽였다고 증언합니다. 만일 순종이 단순히 어떤 외적인 행동이었다면 스데반의 죽음은 너무나도 허무했을 것입니다. 순종이란, "무엇을 했느냐"를 의미하는 것이 아니라, "어떻게 복음에 사용되었느냐"를 의미합니다.

사도행전 8장은 스데반의 죽음으로 흩어진 사람들이 여기저기에서 복음을 전하게 되었다고 말합니다. 그로 인해 복음이 세계로 전해지게 된 것입니다. 스데반의 죽음은 실패일까요? 역경은 단순히 환경의 문제가 아니라 우리 마음의 문제입니다. 순종은 결코 쉽지 않습니다. 순종에는 자아의 죽음이 동반되기 때문입니다. 그러나 자아가 죽어야 사는 역설의 진리를 믿는 사람들이 우리 크리스천들입니다.

2. 왜 하필 양일까요?

예수님께서는 종종 자신을 선한 목자로, 우리를 양으로 비유하셨습니다. 양이라는 동물은 잘난 것이 없는 동물입니다. 양은 시력이 매우 나빠서 길을 자주 잃습니다. 뿐만 아니라 심지어 자기 바로 앞에 구덩이가 있어도 이를 분간하지 못하고 그 안에 몇 번이고 빠집니다. 또 얼마나 아둔한지, 지능이 높은 개들은 양들의 이러한 속성을 이용해 양들을 교묘하게 좁은 길로 인도한 뒤 공격하기도 합니다.

그러나 양이 다른 동물들보다 나은 점이 하나 있습니다. 바로 '순종'입니다. 죽음 앞에서조차, 살기 위해 발버둥치는 다른 동물들과 달리 양은 죽음을 담담히 받아들입니다. 예수님께서는 이런 양을 가장 사랑하십니다. 부족함 투성이일지라도, 그저 당신의 음성을 온순히 듣는다는 이유만으로 충분하다고 말씀하십니다. 이런 양들은 선한 목자 되신 예수님께서 끝까지 책임지십니다. 모든 짐승의 위협과 공격으로부터 보호하시고, 자신의 목숨같이 아껴주십니다.

3. 크리스천의 특권

예수님께서는 우리를 위해 모든 고난과 부당한 일들을 참으셨습니다. 사자와 같은 능력을 가진 분이셨지만, 어린 양과 같이 하나님의 뜻에 순종하셨습니다. 겸손으로 모든 불의를 굴복시키셨습니다. 하나님을 온전히 신뢰했기 때문에, 십자가에 죽으러 가는 그 순간까지도 하나님께 모든 것을 맡기고 온전히 순종할 수 있었습니다. 예수님의 이러한 순종은 우리에게 참된 믿음의 본이 되어줍니다.

그런 점에서 저는 크리스천들이 누릴 수 있는 가장 큰 특권이 있다고 생각합니다. 부활의 주님을 믿기 때문에 그분을 따라 순종할 수 있는 특권, 기꺼이 헌신하고 피 흘리고, 손해 보고, 바보처럼 살 수 있는 특권입니다. 우리가 가진 이 '순종의 특권'이야말로 이 땅에서 하늘의 삶을 살도록 하는 가장 큰 비결입니다.

▶ 학습 문제

(1) 순종이 가장 중요한 이유는 무엇입니까?

답: 순종은 단순한 복종이 아니라 하나님께 대한 온전한 신뢰와 헌신의 표현입니다. 매 순간 하나님께 순종하셨던 예수님처럼 그분께 순종하기로 결단하십시오. 순종하기로 결단할 때, 하나님은 우리를 통해 놀랍게 일하십니다.

(2) 나는 어떤 상황에서 순종이 어렵다고 느낍니까?

답: 예수님은 가장 극한의 상황에서도 하나님의 뜻에 온전히 순종하셨습니다. 순종이 어려운 이유는 하나님의 뜻과 우리의 자아가 충돌하기 때문입니다. 그러나 순종에는 참된 기쁨과 평안이 찾아옵니다. 날마다 기도하고, 말씀에 귀 기울이며 순종의 참맛을 알아가십시오.

☘ 기도

사랑의 하나님, 하나님의 뜻을 따라 온전히 순종하신 예수 그리스도의 순종을 본받기를 원합니다. 우리도 매순간 삶의 자리에서 하나님께 온전히 순종하게 하소서. 죽음조차 두려워하지 아니하시고 기쁨으로 하나님의 뜻에 순종하신 선한 목자 예수 그리스도를 의지합니다. 양과 같이 목자의 음성에 귀 기울이며 순종하게 하소서. 예수님의 이름으로 기도드립니다. 아멘.

☘ 중보기도

(1) 매 순간 하나님의 뜻에 순종하게 하소서.
(2) 순종의 본이신 예수 그리스도를 따라 날마다 하나님의 인도하심을 경험하게 하소서.

▶ 만남의 준비

로마서 8장 11-14절을 읽으며 성령의 능력과 인도하심에 대해 묵상해봅니다.

16. 부활 - 성령의 능력

성경 : 로마서 8:11-14 (외울 말씀 11절)
찬송 : 191장(427), 197장(178)
주제 : 부활하신 예수님께서는 우리에게 성령을 보내주십니다. 성령과 함께하는 삶이야말로 우리가 누릴 수 있는 최고의 축복입니다. 성령의 능력으로 죄를 이기고 참된 평강을 누리십시오. 성령과 연합하여 우리를 도우시고 중보하시는 성령의 역사를 깊이 경험하십시오.

부활하신 주님께서는 제자들에게 나타나신 뒤에 "평강이 있을지어다"라고 말씀하셨습니다. 주님께서 말씀하신 평강(eirene, 에이레네)은 '결합하다'라는 의미의 에이로(eiro)에서 파생된 단어입니다. 무엇과의 결합일까요? 주님께서 그다음에 하신 말씀을 보면 알 수 있습니다. 예수님께서는 숨을 내쉬며 제자들에게 "성령을 받으라"(요 20:22)고 말씀하십니다. 부활하시고 승천하신 주님께서는 제자들에게 성령을 보내주셨습니다. 성령과 연합할 때에만 우리는 주님 안에서 참된 평강을 누릴 수 있습니다.

1. 성령의 능력
부활하고 승천하신 예수님은 제자들을 홀로 내버려두지 않으셨습니다. 성령을 보내주셔서 이들이 담대하게 복음을 전할 수 있도록 하셨습니다. 이것은 제자들에게만 국한된 역사가 아닙니다. 오늘 본문의 11절에서 바울은 놀라운 고백을 합니다. 바로 예수 그리스도를 부활시킨 동일한 성령이 우리 안에 거하게 되었다는 것입니다. 우리의 삶에 역사가 없는 이유는 성령의 능력이 부족해서가 아닙니다. 우리가 우리 안에 거하시는 성령께 순종하지 않기 때문입니다.

초대 교회는 성령을 체험하고 그들의 삶에서 예수님을 자신의 구주로 고백했던 사람들이었습니다. 우리는 완고한 마음과 경직된 신앙을 겸손히 내려놓고 성령께서 일하실 수 있는 여백을 기꺼이 내어드려야 합니다. 성령께서 우리의 삶을 다스리실 때, 우리는 진정한 자유를 경험하게 됩니다. 성령과 함께하는 삶이야말로 크리스천이 누릴 수 있는 최고의 축복입니다.

2. 성령의 세 가지 역할

로마서 8장에서 바울은 성령의 세 가지 역할에 대해 말합니다. 첫째로, 성령은 우리를 능력으로 충만하게 하십니다(Empower us). 그리스도를 부활시킨 성령의 능력이 우리 안에 거하게 되면, 우리는 그 능력으로 죄를 이기며 거룩한 삶을 살 수 있습니다. 둘째로, 성령은 우리가 하나님의 자녀라는 사실을 말씀해주십니다(Adopt us). 15-17절에 따르면 성령께서는 우리가 하나님의 자녀임을 끊임없이 상기시켜주는 분이십니다. 예수 그리스도의 십자가 죽음과 부활의 공로로 우리는 하나님의 자녀라 일컬음을 받게 되었습니다. 마지막으로, 성령은 우리를 위해 기도해주십니다(Pray for us). 26-27절은 성령께서 우리의 연약함을 도우시며, 말할 수 없는 탄식으로 우리를 위해 중보해 주신다고 말합니다. 이처럼 성령은 우리의 마음을 깊이 이해하시고, 우리가 아무 말도 할 수 없는 고통 중에서도 하나님과 연결될 수 있도록 도와주는 분이십니다.

3. 성령의 능력을 소멸하지 마십시오!

우리는 성령의 능력을 소멸하지 말아야 합니다. 사도 바울은 자칫 자신이 세상적인 것을 갈망하여 성령께 쓰임 받지 못하게 되지는 않을까에 대한 두려움이 있었습니다. 그 두려움이 그를 붙잡아 주었고 끝까지 쓰임 받는 사람이 되게 했습니다. 하나님께 버림받을까 봐, 성령의 능력이 나타나지 않을까 봐, 더 이상 하나님의 소원으로 인해 우리의 가슴이 뛰지 않을까 봐 두려워하는 마음이 우리 안에 있어야 합니다.

하나님의 소원과 마음이 우리 속에 살아 있을 때, 우리는 성령의 도우심을 구하게 됩니다. 성령의 도우심을 구하면, 그분의 능력이 나타나게 되어 있습니다. 기억하십시오. 우리 삶에 역사가 나타나지 않는 이유는 성령의 능력이 부족해서가 아닙니다. 우리가 우리 안에 거하시는 성령께 순종하지 않기 때문입니다.

▶ 학습 문제

(1) 성령의 능력을 체험하고 있습니까?

답: 성령의 능력은 우리의 삶을 거룩하게 하고, 죄를 이길 수 있도록 도와줍니다. 날마다 성령의 도우심을 구하십시오. 나의 소욕이 아니라 성령께 순종할 때, 따라갈 때, 우리는 매 순간 도우시는 성령의 참된 능력을 경험하게 될 것입니다.

(2) 성령의 인도하심에 어떻게 반응하고 있습니까?

답: 성령은 우리의 연약함을 도우시고, 우리가 하나님의 자녀라는 사실을 일깨워주십니다. 말씀과 기도 속에서 우리의 삶을 이끄시는 성령의 세미한 음성을 들을 수 있습니다. 죄와 불순종을 멀리하고 성령의 인도하심에 순종할 때 우리는 풍성한 삶을 누리게 됩니다.

🌿 기도

사랑의 하나님, 성령을 보내주셔서 우리에게 능력을 주시고 하나님의 자녀임을 일깨워주시니 감사드립니다. 성령의 능력으로 날마다 죄를 이기고, 참된 평강을 누릴 수 있도록 도와주시옵소서. 우리의 삶이 늘 성령으로 충만하여 하나님의 영광을 드러내는 귀한 도구가 되게 하옵소서. 예수님의 이름으로 기도드립니다. 아멘.

🌿 중보기도

(1) 성령의 능력을 소멸하지 않고 충만하게 누리게 하옵소서.

(2) 하나님의 자녀로서 날마다 성령의 인도하심을 따라 살아가게 하옵소서.

▶ 만남의 준비

에베소서 1장 20-23절을 읽으며, 부활의 능력이 내 삶에 어떤 변화를 가져오는지 묵상해봅니다.

17. 선을 넘어 부활의 삶으로

성경 : 에베소서 1:20-23 (외울 말씀 22절)
찬송 : 250장(182), 160장(150)
주제 : 우리의 삶에는 항상 우리를 가두는 '선'이 존재합니다. 부활은 죽음의 선을 뛰어넘은 사건입니다. 초대 교회 성도들이 날마다 부활의 능력을 갈망한 것처럼, 우리도 부활하신 예수 그리스도께서 지금도 우리와 함께하신다는 사실을 믿어야 합니다. 이처럼 부활은 우리가 날마다 갈망해야 하는 우리의 가장 큰 소망입니다.

우리의 삶에는 늘 '선'이 있습니다. 우리가 스스로 제한한 것이든, 혹은 상대방에 의해 만들어진 것이든 우리는 자신의 감정, 혹은 주어진 환경에 갇혀서 상황의 포로가 되곤 합니다. 그러나 부활의 소망을 품고 사는 성도들은 이 선을 가뿐히 뛰어넘을 수 있습니다. 왜냐하면 부활은 죽음의 선을 뛰어넘은 사건이기 때문입니다. 세상은 사람들이 만들어 놓은 '선'에 우리를 가두지만, 그리스도 '안'이라는 '선'에 있으면 우리는 모든 선을 뛰어넘을 수 있습니다.

1. 복음의 핵심

복음의 핵심은 예수 그리스도의 부활에 있습니다. 초대 교회의 예배는 예수 그리스도의 부활을 시작으로 형성되었습니다. 이들에게는 어떤 어려운 교리나 신학이 필요하지 않았습니다. 이들은 그저 부활하신 예수님을 기억하고 그 감격을 잊지 않기 위해서 날마다 모이기에 힘썼습니다. 부활이라는 확고한 본질이 있었기 때문에, 이들은 모든 비본질적인 것들에 대해서는 자유로울 수 있었습니다.

유대교에서 유월절이 유대인을 노예 상태에서 해방시키신 하나님의 구원 사건으로 여겨졌다면, 부활절은 새로운 유월절로서, 인류를 죄와 죽음의 노예 상태에서 영원히 해방하신 예수 그리스도의 능력과 권위를 찬양하는 날이었습니다. 이처럼 부활은 초대 교회 신앙과 삶의 중심에 있었습니다.

2. 죽음의 반대말

오늘날 우리는 부활을 어떻게 생각하고 있나요? 부활은 우리가 부활절에만 기념하고 경축하는 하나의 사건이 되어버린 것은 아닐까요? 우리는 부활의 능력을 믿습니다. 성도를 변화시키는 능력은 부활에 있습니다. 제자들을 변화시킨 것은 부활이었습니다. 3년 동안 예수님을 따라다니던 베드로는 예수님께서 체포되자 자신은 예수님을 알지 못한다고 말하며 그분을 부인했습니다. 그 베드로를 변화시킨 것은 다름아닌 '부활'이었습니다.

극심한 핍박과 고난에도 불구하고, 심지어 죽음 앞에서도 초대 교회 성도들이 자신의 신앙을 지켜낼 수 있었던 이유는 이들의 마음속에 예수 그리스도의 부활로 인한 소망이 가득했기 때문입니다. 죽음의 반대말은 삶이 아닙니다. 삶은 죽음으로 끝나버립니다. 따라서 이 땅에서 소망을 찾고자 한다면 우리는 실패할 수밖에 없습니다. 죽음의 반대말은 부활입니다. 따라서 우리는 부활하신 그리스도 안에서만 영원한 소망을 가질 수 있습니다.

3. 날마다 부활!

이처럼 부활은 부활절에만 기념하는 사건이 아닙니다. 부활은 단순히 어떤 과거의 사건이 아니라, 지금도 우리의 삶 속에서 살아 숨 쉬는 능력입니다. 따라서 우리는 날마다 부활의 능력을 갈망해야 합니다. 부활하신 예수 그리스도는 지금도 우리와 함께하십니다. 부활은 날마다 우리를 살아있도록 하는 우리의 유일한 산 소망입니다. 부활의 능력으로 하나님은 우리를 다시 일으키십니다.

우리는 이 능력을 통해서 우리의 한계를 넘어설 수 있습니다. 부활의 능력을 통해 우리는 진정한 자유를 누리고, 그 자유 안에서 하나님과 깊이 교제할 수 있습니다. 이것이야말로 예수 그리스도의 부활이 우리에게 주는 가장 큰 선물이며, 이를 통해 우리는 선을 뛰어넘는 담대한 믿음을 가질 수 있습니다.

▶ 학습 문제

(1) 내가 서 있는 '선'은 무엇입니까?

답: 우리는 자신의 한계와 두려움에 갇혀 살 때가 많습니다. 예수님의 부활이 죽음의 선을 넘은 것처럼, 부활의 능력은 우리의 한계를 뛰어넘게 합니다. 현재 나를 가두는 어려움과 두려움은 무엇입니까? 부활의 능력을 깊이 갈망하십시오. 선을 뛰어넘도록 하시는 하나님의 역사를 경험하게 될 것입니다.

(2) 부활의 능력을 어떻게 경험할 수 있을까요?

답: 부활의 능력은 단순히 과거의 사건이 아니라, 현재 우리가 삶 속에서 경험할 수 있는 산 소망입니다. 우리는 예수님의 부활을 나의 부활로 고백하는 동시에 날마다 부활의 능력을 갈망해야 합니다. 자신을 부인하며 성령께 부활의 능력을 간절히 간구하십시오. 날마다 새로운 힘과 소망을 주실 것입니다.

🌿 기도

사랑의 하나님, 우리가 각자의 선과 한계에 갇혀 있을 때 부활의 능력으로 그 한계를 뛰어넘게 하옵소서. 부활하신 예수 그리스도를 날마다 기억하며 그 능력 안에서 참된 자유와 소망을 누리게 하옵소서. 복음의 핵심인 부활의 능력을 붙잡고 하나님의 무한한 가능성 안으로 나아가게 하옵소서. 예수님의 이름으로 기도드립니다. 아멘.

🌿 중보기도

(1) 부활의 능력을 날마다 간구하게 하소서.
(2) 나만의 선과 한계를 부활의 능력으로 뛰어넘고 참된 자유를 만끽하게 하소서.

▶ 만남의 준비

창세기 28장 1-7절을 읽고 언약의 축복에 대해 묵상해 봅니다.

PART 03

이진우 목사 편

18. 흐르는 언약의 복

성경: 창세기 28:1-7 (외울 말씀 3절)
찬송: 28장(28), 435장(492)
주제: 하나님의 뜻에 순응하여 축복의 주인공이 됩시다.

1. 언약의 흐름

인류 구원을 위한 하나님의 언약은 아브라함에서 이삭으로 흐르게 됩니다. 이삭 그 이후는 어떻게 될까요? 이삭의 아내 리브가는 늦게 쌍둥이를 임신하게 됩니다. 이 둘에 대한 하나님의 뜻하심이 리브가에게 전해집니다. '큰 자가 어린 자를 섬기리라'는 것이었습니다. 그래서였을까요? 리브가는 작은 아들 야곱을 사랑합니다(창 25:28). 그런데 부친 이삭은 큰아들 에서를 더 사랑했습니다. 그 이유가 무엇이었을까요? '에서가 사냥한 고기를 좋아'했기 때문이었습니다. 지극히 육신적입니다.

결국 이들 부부는 아들들을 놓고 각각 편애하는 상황이 되었습니다. 혹시 우리들 가정에 이와 흡사한 일이 벌어지고 있는 것은 아닐까요? 그것을 벗어나는 길은 무엇일까요?

2. 빗나간 축복

이삭이 나이가 많아 노쇠하게 되었습니다. 그러자 어느날 맏아들 에서를 불렀습니다. 아비로써 가문을 통하여 흘러내려 가는 축복을 하

기를 원했습니다. '네가 사냥한 별미를 내가 먹고 축복하게 하라'고 당
부하였습니다. 그런데 이 사실을 모친 리브가가 미리 알게 되었습니
다. 리브가는 이것을 바로 잡기를 원했고 야곱을 불렀습니다. 결국 형
을 가장하여 변장한 야곱은 먼저 별미를 들고 부친 앞에 나아갑니다.
그리고 장래에 대한 축복을 받아냅니다.

리브가와 야곱의 담합과 처신이 옳은 것은 아닙니다. 그럼에도 아무
런 분별력 없이 에서에게 축복하려 했던 이삭으로 인해 더더욱 패착을
둘 뻔했습니다. 하나님의 뜻은 어떤 경로를 통하여서도 진행되게 마
련입니다. 혹시 나는, 우리 가정은 하나님의 원하심을 거스르는 길을
행하는 것은 없는지요?

3. 바로 잡힌 축복

뒤늦게 이 모든 사실을 알게 된 이삭은 심히 크게 떨게 됩니다(창
27:33). 이 사건을 통하여 하나님의 주권을 깨달았으며 에서를 축복
하려 했던 자신의 실수로 인하여 거룩한 두려움에 사로잡혔던 것입니
다. 그리고 이미 빌어준 복이 번복될 수 없음을 시인합니다. 이삭은 다
시 야곱을 불러 축복하고 당부합니다(창 28:1). 특히 장차 이삭의 배
필을 어떻게 맞을지도 당부 합니다. '너는 가나안 사람의 딸 들 중에서
아내를 맞이하지 말라'고 경고합니다.

족장 시대에 이미 그들은 하나님의 백성으로서 이방인과의 통혼으
로 야기될 종교적 혼합주의의 위험성을 잘 알고 있었습니다. 이 당시,
에서는 이미 임의대로 가나안 사람의 딸들로 아내를 삼았던 것입니
다. 이삭이 이 같은 당부를 한 것은 리브가의 제안(27:46)과 더불어 에
서의 결혼에서 받았던 충격(26:34) 때문이었을 것입니다. 그리고 자신

의 결혼을 위해 노심초사 했던 아버지 아브라함의 신앙을 환기했을 것입니다.

그러면 대안은 무엇입니까? 이삭은 야곱에게 언약 백성의 순수성과 거룩함을 보존키 위해 우상에 물들지 않은 자신의 친족이 있는 곳으로 가라고 당부합니다. 즉 밧단 아람 곧 메소포타미아 지방의 외삼촌 집으로 곧장 가서 반드시 거기 처녀와 결혼할 것을 엄명하였습니다.

사도 바울은 고린도 교회에 권고하였습니다. '너희는 믿지 않는 자와 멍에를 함께 메지 말라'(고후 6:14). 빛과 어둠이 서로 반대인 것처럼, 믿는 자와 믿지 않는 자는 서로 반대되기 때문입니다. 불신자들과 동반자 관계에 들어서는 것은 재난을 자초하는 것입니다. 그들은 반대되는 세계관과 도덕적 가치를 갖고 있기 때문입니다.

특히, 한 사람이 다른 사람과 가질 수 있는 가장 가까운 동맹 관계는 결혼입니다. 하나님의 계획은 남자와 여자가 "한 몸"(창세기 2:24)이 되는 것이며, 그것은 너무나도 친밀하여 한 사람이 다른 사람의 일부가 되는 것을 말합니다. 믿는 자가 믿지 않는 자와 결합하는 것은, 근본적으로 정반대의 것들을 통합하는 것, 즉 아주 어려운 관계를 만드는 것입니다.

우리는 자녀들의 혼인과 장래를 위해 진지하게 기도합니까?

▶ **학습 문제**

(1) 부친이 에서를 축복하려 할 때, 리브가와 야곱은 어떻게 해야했을까요?

답: 하나님을 신뢰하고 준비하며 때를 기다려야 했다.

(2) 야곱의 혼인대상에서 제외된 족속은 누구일까요? 왜?

답: 가나안 족속의 딸. 가나안 족의 방종한 생활에 물들지 않도록

☀ 기도

존귀하신 하나님, 이 방종한 시대에 자신을 지키며 하나님의 복이 가장 귀한 것임을 잊지 않고 살게 하소서. 예수님 이름으로 기도합니다. 아멘

☀ 중보기도

(1) 불신자와의 혼인으로 어려움을 겪는 성도들의 가정이 복음으로 회복되게 하소서.
(2) 하늘의 복이 가장 귀함을 찬미하며 살게 하소서.

▶ 만남의 준비

사무엘상 2장 12-17절을 읽고 엘리 제사장의 가정에 대해 생각해보십시오.

19. 두 아들

성경: 사무엘상 2:12-17 (외울 말씀 17절)
찬송: 80장(101), 199장(234)
주제: 하나님을 경외하는 지식과 행위가 자녀들에게 있어야 합니다

1. 하나님을 알지 못함

엘리는 그 시대의 대제사장이요 사사였습니다. 그런데 그의 두 아들 '홉니'와 '비느하스'는 행실이 나빴습니다(12). 이유는 그들이 하나님을 알지 못했기 때문이라고 합니다.

그들은 어려서부터 하나님에 대하여, 제사법에 대하여, 제사장의 행실에 대하여 직접 보며, 철저하게 교육받았을 것입니다. 그들은 이스라엘 자손 누구보다도 하나님에 대해 잘 알고 있었을 것입니다.

그런데 문제는 그들의 행동입니다. 그들은 하나님에 대해 잘 알고 있었음에도 하나님을 두려워하지 않고 하나님을 업신여기는 죄를 범했습니다(14-17절, 22-25절). 그들은 하나님이 어떠하신 분이신지는 알고 있었으나 하나님의 뜻대로 행하려 하지 않았습니다.

그들은 하나님에 대하여 지식적으로는 알고 있었으나 하나님의 뜻대로 행하지 않았으니 하나님을 안다고 할 수 없습니다. 지식으로 알고 있는 것으로 하나님을 아는 것으로 착각하지 말아야 합니다. 하나님의 뜻을 알고 행하는 거룩한 성도의 삶을 살아야 합니다.

오늘, 우리의 자녀들은 어떤지요?

2. 그들의 악행

13절 이하는 엘리의 두 아들의 악행을 기록하고 있습니다. 불량배와 같았습니다. 그들은 사람들이 제사를 드리고 그 고기를 삶을 때 사환들을 시켜서 솥을 닥치는 대로 휘저어서 걸려 나오는 것은 모두 가져갔습니다.

그뿐 아니라 제사를 드리기도 전에 사환들을 시켜서 "제사장께 구워 드릴 생고기를 내놓아라" 하고 생떼를 쓰게 했습니다.

엘리의 두 아들은 왜 이렇게 악한 짓을 했을까요? 세상의 욕심에 빠져 있었기 때문입니다. 율법에 의하면 화목제물 중에서 제사장의 몫은 따로 있었고(레 7:29-34), 이것들 외에 백성들이 바치는 십일조를 가지고 생활했습니다. 그런데 그것으로 만족하지 못했습니다.

욕심과 죄는 상관관계가 있습니다. 죄 이전에는 욕심이 있고 이 욕심에 이끌려 갈 때 사람들은 죄를 짓게 되어 있습니다(약 1:14-15). 그러므로 우리는 무엇보다도 욕심을 버려야 합니다. 우리 안에 시시때때로 일어나는 세상 욕심을 말씀으로 다스려야 합니다.

3. 여호와의 제사를 멸시함

엘리의 두 아들의 죄는 여호와의 제사를 멸시함으로 절정에 달했습니다(17).

그들은 제사장으로서 하나님께 드리는 제사가 거룩하게 드려지도록 해야 할 의무와 책임을 가진 자들이었습니다. 그런데 그들은 도리어 제사를 멸시하는 자들이 되고 말았습니다. 어떻게 해서 이 지경에 까지 이르렀을까요? 가장 큰 이유는 아버지가 그들을 바르게 가르치지 못하였기 때문입니다. 자녀 교육을 미루는 것은 자녀를 망치고 나아가 가정을 망치는 길이 됩니다.

그 대표적 예가 본문 엘리의 가정입니다. 그들은 제사장이라는 놀라운 축복을 받았음에도 가정교육이 제대로 이루어지지 않아 멸망한 사례입니다.

엘리는 하나님께 대한 신앙이 없어서 자식들을 잘못 가르친 것이 아닙니다. 그는 40년간이나 사사로서 이스라엘을 다스렸습니다. 그럼에도 그가 자녀 교육에 실패한 것은 그들이 잘못을 저질렀을 때 지나치게 관용했기 때문이었습니다(24). 많은 신앙인들이 자녀에 대한 무분별한 애정 때문에 자녀가 빗나가도 책망하지 않습니다. 훈계를 포기합니다. 그러면서도 "하나님께서 우리의 자녀를 책임져 주시겠지"라고 생각합니다. 먼저 자녀 교육을 회복하는 가정이 됩시다.

▶ **학습 문제**

(1) 하나님에 대해 안다는 것으로 자위하면 안 되는 이유는 무엇일깡요?

　　답: 신앙은 지식으로만 완성되지 않음 반드시 행함으로 피어나야 함

(2) 엘리는 왜 두 아들의 죄악을 강하게 견책하지 못했을까?

　　답: 무분별한 자식 사랑

🦋 **기도**

거룩하신 하나님, 하나님을 가볍게 여기고 말하고 행동하는 사람들이 많은 시대입니다. 우리 자녀들이 깨어있게 하소서. 예수님 이름으로 기도합니다. 아멘

✳ 중보기도

(1) 사춘기를 맞은 자녀로 인하여 힘들어하는 교우들을 위로하소서.

(2) 주님의 말씀으로 강하게 견책하는 성도들의 가정이 되게 하소서.

▶ 만남의 준비

사무엘상 2장 18-21절을 읽고 한나와 사무엘에 대해 생각해봅니다.

20. 아이를 드린 엄마

1. 서원 기도하는 한나

엘가나는 레위인으로서 하나님께 헌신하는 가정이었습니다. 그럼에도 두 아내 한나와 브닌나가 있었습니다. 이는 당시 사회 통념을 따른 것으로 보이며 이로 인해 가정의 문제가 생깁니다. 특히 한나는 자식이 없음으로 브닌나로부터 멸시를 당했습니다. 이 아픔을 한나는 하나님께 가지고 나가는 길로 택하고 기도하며 서원하였습니다. "저에게 아들을 주신다면, 그 아들과 그의 전 생애를 여호와께 드리고 칼을 머리에 대지 못하게 하겠습니다."

이는 자식을 하나님께 온전히 드리겠다는 다짐이었습니다. 절망적인 상황도 하나님께 들고 가는 것이 중요합니다. 문제를 통하여 하나님을 만나고자 하면 영적으로 성장하게 됩니다.

2. 서원대로 행한 한나

하나님은 한나의 기도를 들으시고 사무엘을 허락하셨습니다. 한나는 아이를 기도하며 기릅니다. 어느덧 때가 차서 사무엘이 자라서 젖을 떼게 되었습니다. 한나는 하나님께 드린 서원을 철저하게 지킵니다. 하나님께 드릴 봉헌의 예물과 함께 어린아이를 데리고 실로에 있는 여호와의 집으로 올라갑니다.

한나는 엘리 제사장에게 자신을 소개합니다. 자기가 바로 수년 전에 하나님께 슬픔으로 기도드렸던 그 여자라고 고백합니다. 그리고 서원을 철저하게 이행하기 위하여 그 아들을 데리고 왔다고 말씀드립니다. 한나는 아이를 하나님의 사람으로 살도록 어릴 때부터 소원을 심어주고 키웠던 것 같습니다.

사실 기도 응답을 받은 후가 문제입니다. 서원한 바를 잊기 쉽습니다. 한나는 하나님께 대한 믿음과 자세가 변하지 않았습니다. 아들보다 하나님을 더 사랑하였다는 것을 알 수 있습니다.

하나뿐인 아들을 하나님께 드릴 때 어머니로서의 마음이 어떠했을까요(23)? 그럼에도 어린 사무엘을 기쁨으로 하나님께 드린 한나로부터 배울 바가 무엇입니까?

중심으로 하나님을 사랑하기 때문에 사무엘을 드릴 수 있었습니다.

3. 지속되는 헌신

성소에서 자라게 된 사무엘은 어릴 때부터 어머니 한나가 지어주는 세마포 에봇을 입고 여호와 앞에서 여호와를 섬겼습니다. 에봇은 제사장들이 입는 옷을 의미합니다. 이는 사무엘이 본격적으로 제사 직무에 참여하고 있음을 암시해 줍니다.

한나는 남편과 함께 매년 실로 여호와의 집에 올라갈 때마다 작은 세마포 에봇을 지어다 주었던 것입니다. 사무엘을 위하여 기도하며 한 땀 한 땀 지었습니다. "얼마나 자랐을까? 이만큼 자랐겠지. 일 년 동안 입으려면 이 정도는 크게 지어야 할 거야."

기도하여 얻은 한 아들 독자 사무엘을 하나님께 드리고, 일 년에 한 번 그 사랑하는 아들을 보러 하나님의 집으로 올라가는 한나의 마음을 짐작해봅니다.

이런 엘가나와 한나 부부를 대제사장 엘리가 축복했습니다(20).

하나님은 이들을 복 주셨고 이후 아들 셋, 딸 둘을 더 낳았던 것입니다. 신실한 자들을 향한 하나님의 덤으로 주시는 축복이었습니다. 살아있는 믿음, 역사하는 기도를 드렸던 한나를 향한 보상이었습니다. 그리고 사무엘은 그 어둠의 시대를 대비하여 하나님이 세우시는 대안으로 성장하게 됩니다.

▶ 학습 문제

(1) 엘가나 가정에 중혼 제도가 그대로 들어와 있는 이유는 무엇일까?

답: 당시 세상 사람들의 관습을 거르지 않고 답습한 연고이다.

(2) 한나의 사무엘에 대한 지속적 관심과 기도를 어떻게 알수 있는가?

답: 한나는 매년 여호와의 집에 올라갈 때마다 세마포 에봇을 지어다 주었다.

❧ 기도

거룩하신 하나님, 세상 속에 살지만 세상을 그대로 본받지 말게 하시고 더욱이 우리의 자녀들을 거룩한 세마포를 입혀 자랄 수 있게 하옵소서. 예수님 이름으로 기도합니다. 아멘

❧ 중보기도

(1) 세상 유행과 문화에서 우리 자녀들이 중심을 잡게 하소서 .

(2) 우리의 교회 우리의 차세대들을 지켜 낼수 있는 강한 공동체가 되게 하소서.

▶ 만남의 준비

디모데후서 1장 1-5절을 읽고 신앙의 계보를 잇는 가정에 대해 생각해보십시오.

21. 신앙 3대

성경: 디모데후서 1:1-5 (외울 말씀 5절)
찬송: 263장(197), 460장(51)
주제: 유한한 세상에서 영원한 나라를 바라보며 견고한 믿음의
계보를 이루어가야 한다.

급변하는 시대를 살고 있습니다. 우리 사회는 각 분야에서 세대 차
이로 인하여 몸살을 앓고 있습니다. 그렇기에 신앙의 3대를 이어가며
사도 바울의 칭찬을 받은 한 가정을 주목해보지 않을 수 없습니다.

1. 디모데의 가정

디모데 가정의 믿음의 1대조는 외조모 로이스입니다. 로이스로부터
믿음이 전수되어 2대인 어머니 유니게에게 왔습니다. 그리고 3대인
디모데에게 이르기까지 믿음이 이어진 것입니다. 우리 중에 자신이
가정에서 믿음의 1대가 된 분이 있다면 그 믿음의 계보가 튼실하게 이
어져 가기를 축복합니다.

그러면 이 가정에 어떻게 복음이 전파되었을까요? 당시의 유대교인
들은 이방인과의 결혼을 금지했습니다. 그런데 헬라인인 디모데의 아
버지와 어머니 '유니게'가 결혼했다는 점입니다. 이는 외조모 '로이스'
가 딸 '유니게'를 신앙으로 이끌었고, 그 후에 두 사람의 결혼이 성사되
었음을 보여줍니다. 특히 '유니게'를 '믿는 유대 여자'라고 누가는 소개

하고 있습니다(행 16:1). 이는 기독교로 개종한 자에게만 적용되는 말입니다(행 16:14,15). 따라서 디모데의 믿음은 유대교적 신앙이라기보다 그리스도를 통한 기독교적 신앙이라고 봐야 합니다.

그렇다면 외조모 로이스의 결단은 귀한 것입니다. 그리고 외조모와 유니게의 이름이 항상 붙어 있는 것으로 보아 두 모녀는 오랜 세월을 함께 지내온 것으로 볼 수 있습니다.

2. 디모데가 받은 귀한 유산

기독교 신앙을 받은 이후 로이스와 유니게는 전도자인 바울과 아주 친밀한 사이였음을 알 수 있습니다(딤후 1:5). 나아가 외조모와 어머니는 디모데에게도 어려서부터 성경을 통한 책망과 바르게 함과 의의 교육을 시켰던 것을 알 수 있습니다(딤후 3:15).

디모데가 물려받은 첫 신앙의 유산은 '**청결한 양심**'입니다.

성경에서는 '긍정적 양심'과 '부정적 양심'을 말합니다. 긍정적인 양심으로서는 청결한 양심, 깨끗한 양심, 선한 양심(딤전 1:5, 19, 3:9, 롬 2:15, 벧전 3:16)등이 있고, 부정적인 양심으로서는 화인 맞은 양심, 더러워진 양심, 죽은 양심(딤전 4:2, 딛 1:15, 히 9:14)등이 있습니다. 디모데는 '청결한 양심'을 유산으로 받았습니다.

둘째는 '**진실의 유산**'입니다.

사도 바울은 "네 속에 거짓 없는 믿음을 생각함이라"고 칭찬하고 있습니다(5). 진실이란 '참됨, 순수함, 성실함, 신용할 만함' 등의 뜻으로 위선과 외식과 불성실함의 반대입니다. 예수님께서 가장 무섭게 책망한 것이 바리새인과 사두개인들의 위선과 진실치 못한 믿음이었습니다.

그리스도인은 진실하게 살아야 하고 그 진실을 자녀들에게 유산으로 물려주어야 합니다. 그리하여 믿음직한 사람, 충성스러운 사람으로서 살아가게 해야 합니다.

셋째는 '믿음의 유산'입니다.

본문 5절에 "이 믿음은... 네 속에도 있는 줄을 확신하노라"고 하였습니다. 디모데는 거짓 없는 믿음을 유산으로 물려받았습니다. 믿음의 유산이야말로 무엇보다도 크고 중요한 것입니다. 사람들은 자녀들을 위해서 재산을 유업으로 남기기도 하고 지위나 권력을 물려주려고 합니다. 그러나 이러한 것 보다 더욱더 소중하고 중요한 유산은 건강한 정신과 믿음의 유산입니다.

3. 내 자녀에게 남겨 줄 유산

어떤 유산을 우리의 자녀에게 남겨 주어야 할까요? 대기업의 창업주가 세상을 떠났을 때 자손들이 재산 때문에 다투는 것을 보았습니다. 외조모 로이스와 어머니 유니게는 어린 디모데를 먼저 하나님의 말씀으로 양육하고 신앙으로 바르게 살아가도록 가르쳤습니다. 그래서 물질이 아닌 믿음이라는 위대한 유산을 남겨주게 된 것입니다. 그런 결단이 우리 성도들 가정에 세워지기를 바랍니다.

▶ 학습 문제

(1) 디모데 가정의 신앙의 계보 1대조가 로이스였다면 2대와 3대는 누구인가?

　답: 2대는 유니게, 3대는 디모데

(2) 디모데가 물려받은 유산 3가지는?

　답: 청결한 양심, 진실, 믿음

🌱 기도

은혜로우신 하나님, 이 불신앙의 시대에 우리는 깨어서 믿음의 계보를 이어가게 하소서. 1대와 2대 그리고 3대로 승리하게 하소서. 예수님 이름으로 기도합니다. 아멘

🌱 중보기도

(1) 믿음의 1대인 우리 성도들을 강하고 담대하게 하소서.

(2) 우리 교회의 온 가정들이 후세대에게 청결한 양심, 진실, 믿음을 남겨주게 하소서.

▶ 만남의 준비

누가복음 14장 26-27절을 읽고 제자란 어떤 사람일지 생각해보십시오.

22. 진정한 제자의 삶

성경: 누가복음 14:26-27 (외울 말씀 27절)
찬송: 460장(515), 461장(519)
주제: 하나님의 말씀과 내 몫의 십자가에 대한 분명한 헌신을 해야 합니다.

 예수님께서는 많은 무리 가운데서 제자들을 따로 부르셨습니다. 오늘 우리도 단지 신자로 부르신 것이 아니라 제자로 부르셨습니다.
 주님께서는 그분을 따르는 제자의 길에 대한 원리를 두 방면- 말씀과 생활로 알려 주셨습니다. 그분을 따르는 태도와 자세가 어떠해야 함을 일깨워 주신 것입니다.

1. 주님의 말씀을 추구하는 삶
 제자의 삶은 주님의 말씀 안에 거하는 것입니다. 이는 그분의 말씀에 입각하여 말하고 처신하여야 한다는 것입니다. 주께서는 자기를 따르는 사람들에게 말씀하셨습니다.
 "너희가 내 말에 거하면 참으로 내 제자가 되고 진리를 알지니 진리가 너희를 자유롭게 하리라"(요 8:31,32)
 "내 말에 거하면" 이란 말은 계속적으로 신앙함을 가리킵니다. 진리는 계시된 그의 말씀인 동시에, 예수님 자신이시기도 합니다. 진리 안에 있을 때 진정한 자유가 있습니다. 우리는 제자로서 살아가며 주님

의 말씀을 기준으로 삼습니다. 모든 삶의 현장에서 주의 말씀을 되새
기며, 옳은 것은 옳다고 하며, 그렇지 않은 것은 아니라 해야 합니다.
그러므로써 모호한 태도가 아닌 정직하고 분명한 삶의 자세를 견지해
야 하는 것입니다(마 5:37). 우리가 주님을 시인할 때 훗날 심판의 날
에 주께서도 우리를 하나님 앞에서 시인해주실 것입니다.

2. 자기를 부인하는 십자가

제자의 삶은 나 개인에게 주어진 십자가를 지고 따르는 것입니다.
십자가는 자신의 욕구가 아닌 하나님의 의를 추구하고 성취하기 위해
어려움을 감내하는 것입니다.

"이에 예수께서 제자들에게 이르시되 누구든지 나를 따라오려거든
자기를 부인(否認)하고 자기 십자가를 지고 나를 따를 것이니라"(마
16:24).

예수님을 따르는 데는 내적으로는 자기 부인, 외적으로는 역경 가운
데서의 적극적 순종이 수반되어야 한다. '자기를 부인하는 것은 자기
의 이기적 욕망과 생각, 부패한 옛 자아를 철두철미 굴복시키는 것을
말한다.

당시 로마의 지배 아래 살던 유대인들은 십자가 형벌을 선고받은 죄
수가 자신의 십자가를 지고 처형장까지 간다는 사실을 잘 알고 있었습
니다. 죽음의 상징인 십자가를 메라는 참 의미가 무엇인지를 뼛속 깊
이 이해했을 것입니다(마 10:38).

그런데 예수께서 친히 십자가를 지신 일은 인류 구속의 대업을 완
성하시는 행위였으나 제자들의 십자가 짐은 예수를 따름에 있어서 필
요한 것이었습니다. 비록 그렇다 할지라도 제자들은 각자의 십자가
를 거룩한 기쁨과, 무한한 감격과 감사로, 그리고 가장 가치 있는 일로

받아들이며 끝까지 지고 예수의 발자취를 좇아가야 할 것입니다(빌 3:12-14).

3. 자기를 미워하는 십자가

예수님의 제자에게는 타협 없는 제자의 길이 요구됩니다. 주님은 이렇게 말씀하셨습니다.

"무릇 내게 오는 자가 자기 부모와 처자와 형제와 자매와 더욱이 자기 목숨까지 미워하지 아니하면 능히 내 제자가 되지 못하고 누구든지 자기 십자가를 지고 나를 따르지 않는 자도 능히 내 제자가 되지 못하리라(눅 14:26-27)"

예수께 나아온 제자라면, 이제 이차적인 부름에 응답을 해야 합니다. 그것은 자기의 모든 혈육과 심지어는 자기 자신까지도 미워할 수 있어야 한다는 것입니다. 여기서 미워한다는 것은 '덜 사랑하다'의 뜻입니다. 상대적으로 덜 귀히 여기는 것을 표현하는 것입니다.

세상의 일과 하나님 나라에 관한 일 중 후자의 것에 궁극적 가치를 두지 않고 있다면 예수를 따르는 일이 아무런 의미가 없다는 말입니다. 예로써, 자기 가족들과 자기 목숨이 제시된 것입니다.

우리는 주님의 제자로서 지금 어떠한 삶을 살고 있습니까? 말씀에 합당한 삶을 살고 있습니까? 내 몫의 십자가를 달게 지고 가는 것입니까?

▶ 학습 문제

(1) 주님의 말씀을 추구하는 삶을 위해 먼저 내가 생활 속에서 할 것은 무엇입니까?

답: 평소에 말씀을 가까이 하는 생활, 즉 큐티, 통독 등

(2) 예수님의 십자가와 우리의 십자가의 차이는 무엇입니까?

답: 전자는 온 인류의 구속을 위한 십자가요 후자는 나 개인에게 요구되는 십자가

✺ 기도

존귀하신 하나님, 저마다 편하게 예수 믿는 시대에 들어와 있습니다. 깨어 근신하며 말씀을 삶의 기준 삼고 날마다 내 몫의 십자가를 감당케 하옵소서. 예수님 이름으로 기도합니다. 아멘

✺ 중보기도

(1) 자라나는 후세대들이 하나님의 말씀을 따르게 하소서.
(2) 우리 온 교우들이 명목상 신자가 아닌 예수님의 참 제자로 나아가게 하소서.

▶ 만남의 준비

에베소서 4장 25-32절을 읽고 말로 덕을 세우는 것이 무엇일지 생각해보십시오.

106 + 구역예배서 42

106 + 구역예배서 42

23. 덕을 세우는 삶

> 성경: 에베소서 4:25-32 (외울 말씀 29절)
> 찬송: 455장(507), 449장(377)
> 주제: 덕스러운 언어생활을 통하여 자신을 지키고 관계들을 피어나게 합시다.

제자의 삶은 덕을 세우는 삶입니다. 특히 말을 통하여 덕을 세워야 합니다. 말에 실수가 없는 사람이 바로 온전한 사람이라고 합니다(약 3:2). 언어는 그 사람의 척도이며, 있는 그대로를 드러내는 것입니다. 남을 가르치고 모범을 보여야 하는 위치에 있는 사람들이 실수할 수 있는 말들은 어떤 것이 있을까요?

1. 소문내기

소문은 사람이 고안해 낸 가장 악의에 찬 혀의 사용 중의 하나입니다. 아마도 이것은 야고보가 말한 "쉬지 아니하는 악이요 죽이는 독이 가득한" 것이 아닌가 합니다(약 3: 8). 혀를 절제하는 일에 대한 실제적인 권면은 "피차에 비방하지 말라" (약 4: 11)는 말씀입니다.

소인은 소문을 말하는 사람입니다. 대개의 경우 이러한 소문은 실제라기보다 꾸며졌거나 부풀려진 일에 대한 것입니다. 우리는 소문을 퍼뜨리지 말고 되풀이하지 말아야 합니다. 만일 그것이 누군가를 헐어내리는 것이라면 사실일지라도 입에 담지 말아야 합니다(엡 4: 29).

소문을 말하는 사람은 소인배이며 열등감을 가진 사람입니다. 자신이 크다고 느끼기 위해서 자기보다 큰 사람을 멸시하려는 것입니다. 그러나 여전히 자신은 작고 열등한 존재로 남아 있음에 불과한 것입니다. 뿐만 아니라 중상하는 실수를 스스로 범함으로써 자신을 보다 더 궁지로 몰아넣기까지 하게 됩니다. 만일 어떤 이의 좋은 점에 관해서 생각해 낼 수가 없다면 입을 다물어야 합니다. 이런 원칙이 우리 사회에 적용된다면 많은 모임이 조용해질 것입니다.

2. 상스러운 말

바울이 에베소 교회에 편지를 쓸때에 그들은 음란하고 부도덕한 사회에서 살고 있었습니다. 일상의 말은 부정한 이야기로 채워져 있었습니다. 바울은 그들에게 "음행과 온갖 더러운 것과 탐욕은 너희 중에서 그 이름조차도 부르지 말라"고 경고하였습니다(엡 5:3).

우리 주변에 어두운 그림자를 드리우는 것은 부정한 마음과 상스러운 농담입니다.

예수님께서는 사람은 일단 그 마음속에 품은 것이 나온다고 경고하셨습니다(마 15:18).

우리는 어떤 사람의 외형적인 것에 속아서는 안 됩니다. 만일 그의 언어가 부패된 것이라면 그의 마음도 같은 것입니다.

그리스도인은 상스러운 말하는 분위기에 동참하지 말아야 합니다(엡 5:7). 누군가 그리한다면 우리는 향기롭고 건전한 언어로 정화제 역할을 해야 합니다.

3. 분내는 말

사람이 분을 내면 "미쳤다"고들 합니다. 왜냐하면 성낸 사람은 때때로 이성을 잃은 행동을 하는 까닭입니다. 자주 화를 내는 사람은 평소에는 진지하게 신중하지만 그 말과 행동이 거칠어집니다.

악독과 노함과 분냄과 떠드는 것을 버리라고 사도 바울은 경고합니다(엡 4: 31).

화내는 것 자체가 나쁜 것은 아니니, 예수님도 유대인의 완고한 마음을 보고 화를 내셨습니다(막 3: 5). 화내는 것은 죄와 싸우는 건설적인 방법이 될 수도 있습니다. 그러나 대개의 화는 유치하고 질투에 휩쓸리며 이기적이며 정당한 이유 없이 생기는 것입니다. 그러므로 분내는 것은 오래 가서는 안 되는 것입니다(엡 4: 26-27).

그리고 화를 품는 것과 그것을 분으로 발산하는 것은 또 다릅니다. 그것은 그리스도인이 경계해야 할 일이며, 오직 쉽게 화내지 아니하고 화를 냈어도 금방 풀어야만 합니다. 야고보는 화내는 것과 악의에 찬 말과의 밀접한 관계를 알고 권면합니다. "말하기는 더디 하며 성내기도 더디 하라"(약 1: 19).

우리의 말은 공동체를 세울 수도 있고 훼손할 수도 있습니다. 그리고 언젠가는 그것들이 심판의 근거가 될 것입니다. 어찌 말조심을 게을리할 수 있겠습니까? 다윗의 기도입니다. "나의 반석이시오 나의 구속자이신 여호와여 내 입의 말과 마음의 묵상이 주의 앞에 열납되기를 원하나이다"(시 19: 14).

▶ **학습 문제**

(1) 악한 소문이 주위를 떠돌 때 어떻게 해야 합니까?

답: 소문을 퍼뜨리지 말고, 되풀이하지 말며 사실일지라도 되풀이하지 말아야 합니다.

⑵ 소문내기, 상스러운 말, 분내는 말 가운데 자신이 가장 조심할 말은 무엇입니까?

　답: 특히 자신의 취약한 것을 위해 기도합시다.

기도

거룩하신 하나님, 우리에게 언어를 주심을 감사합니다. 이 언어로 덕을 세우고 은혜를 끼치는 생활을 하게 하옵소서. 예수님 이름으로 기도합니다. 아멘

중보기도

⑴ ○○소문이 빨리 진정되게 하옵시고 고통을 겪고 있는 ○○에게 평강을 허락하옵소서.

⑵ 우리 교회 공동체에 덕스럽고 사랑이 넘치는 언어들이 가득 피어나게 하옵소서.

▶ 만남의 준비

야고보서 4장 5-6절을 읽고 교만과 겸손이 무엇일지 생각해보십시오.

24. 교만에서 겸손으로

성경: 야고보서 4:5-6 (외울 말씀 6절)
찬송: 453장(506), 212장(347)
주제: 무서운 영적 질병인 교만의 실체를 주목하며 겸손을 사모
해야 합니다.

성 어거스틴에게 제자가 물었습니다. "하나님 앞에서 가장 큰 덕이
무엇입니까?"

어거스틴은 첫 번째도 두 번째도 세 번째도 "겸손이라"고 대답하였
습니다. 제자의 삶의 정점은 높아진 교만이 아니라 낮아진 겸손에 있
습니다.

1. 교만의 원인

성경이 말하는 교만의 원인들이 있습니다. 재물 때문입니다(겔
28:5). 어떤 사람들은 외모 때문에 교만해집니다(겔 28:17). 어떤 이들
은 지식 때문에 교만해집니다(고전 8:1). 그러나 중요한 사실은 이 모
든 것은 다 하나님이 주신 것입니다.

내가 남들보다 더 받은 것이 있다면 그것이 교만의 조건이 되어서는
안 됩니다. 오히려 더 받았기에 남들보다 더 큰 책임을 진 것입니다(눅
12:48). 내가 더 받은 것은 특권이 아니라 무거운 책임입니다. 이 사실
을 잊지 말아야 교만을 비켜갈 수 있습니다.

교만은 매우 치명적이어서 우리를 영적인 죽음으로 몰고 가게 됩니다(잠 16:18).

2. 교만의 증상들

1)망각입니다. 교만하면 건망증 증상이 나타나는데 바로 하나님의 은혜를 잊어버리게 되는 것입니다. 오늘 내가 받은 모든 것도 다 하나님이 주신 것이요, 오늘 나의 나 된 것은 모두가 하나님의 은혜인데 교만 병에 걸리면 이 사실을 잊어버립니다. 마치 자기가 잘 나서 된 것처럼 착각하게 됩니다. "네 마음이 교만하여 네 하나님 여호와를 잊어버릴까 염려하노라 여호와는 너를 애굽 땅 종 되었던 집에서 이끌어 내시고"(신 8:14)

2)남에게 해를 끼칩니다. 교만한 사람은 자꾸 남에게 상처를 주고 남을 힘들게 만듭니다. 세상에 자기보다 잘난 사람이 없기 때문에 그 사람 옆에 가면 마음이 불편합니다. 교만한 사람은 자기주장만 고집하고 남을 무시하기 때문에 그를 만나면 마음에 상처를 받게 됩니다(잠 13:10). 교만한 사람은 언제나 다툼과 분쟁을 일으킵니다. 한 사람이 미꾸라지처럼 공동체를 헤집어서 흙탕물을 만듭니다.

3)언어가 달라집니다. 교만하면 언어가 달라집니다. 그의 말은 자신도 모르는 사이에 오만한 말, 남을 쳐서 판단하는 말, 저주하는 말만 하게 됩니다(삼상 2:3, 시 59:12).

교만병에 걸린 사람의 말은 항상 남을 평가하고 정죄합니다. 자기는 항상 옳기 때문에 자기 기준에서 남을 판단하며 이렇게 말합니다. "저 사람은 왜 저렇지?"

말을 할 때 변론과 언쟁을 좋아하게 됩니다(딤전 6:4). 언쟁하고 토론하면서 은근히 자신의 지식이나 경험을 자랑하기 위함입니다. 이런 언어습관은 공동체의 평화를 파괴하는 매우 위험한 증상입니다.

4)영적으로 둔감해집니다. 고린도 교인 중에 계모와 동거하는 충격적인 일이 있었음에도 교회가 그를 징계하지 않았습니다. 사도 바울은 이것이 고린도 교인들이 교만하기 때문이라고 진단합니다(고전 5:2). 교만에 걸리면 죄에 대해 둔감해집니다. 내가 죄를 짓고도 죄인지 모릅니다. 나는 항상 옳다고 생각하기 때문입니다. 그러므로 죄를 점점 더 많이 짓고 자기도 모르게 점점 죄에 빠져들게 됩니다. 영적으로 교만이라는 암에 걸리게 되면 죄에 둔감해지고 죄에 대한 자각증세가 없어지는 것입니다(시 10:4).

3. 교만에서 돌이키라!

교만은 그 결과가 패망과 영적 사망입니다. 왜 그렇게 되는가? 교만한 자를 하나님께서 친히 꺾으시기 때문입니다(약 4:6). 하나님은 교만한 자를 대적하시되 겸손한 자들에게는 은혜를 주십니다(벧전 5:5). 하나님은 세상에서 잘난 사람을 들어 쓰시는 것이 아니라 겸손한 사람을 들어 쓰십니다. 겸손한 사람은 영적으로 민감합니다. 늘 겸손히 하나님의 뜻을 묻습니다. 큰일이든 작은 일이든 늘 하나님의 뜻을 묻고 성령의 인도하심에 따르려고 애씁니다. 그래서 하나님이 이끄시는 형통의 길로 가게 되는 것입니다.

▶ 학습 문제

(1) 교만의 원인들은 무엇이 있습니까? 여기 제시된 것 외에는?

   답: 재물, 외모, 지식 외에 학식, 권세, 가문 등

(2) 교만의 증상은 무엇이 있습니까? 여기 제시된 것 외에는?

   답: 망각, 해 끼침, 언어가 달라짐, 영적 둔감 외에 무자비, 자기중심 등

기도

존귀하신 하나님, 우리는 기회만 있으면 높아지려하는 본성이 있음을 고백합니다. 주님을 바라보며 겸손을 배워가게 하옵소서. 행여 교만의 자리에 앉지 않게 하옵소서. 예수님 이름으로 기도합니다. 아멘.

중보기도

(1) 이 땅의 영적 지도자들이 방심하여 마귀의 교만케하는 올무에 빠지지 않게 하소서.

(2) 우리 교회 공동체가 예수님의 겸손을 다 같이 사모하게 하소서.

▶ 만남의 준비

요한삼서 1장 5-11절을 읽고 가이오와 데메드리오에 대해 생각해보십시오.

25. 한 교회의 두 사람

성경: 요한삼서 1:5-11 (외울 말씀 11절)
찬송: 445장(502), 212장(347)
주제: 우선 나의 교회 공동체 안에서 섬김과 봉사를 더 해가야 합니다.

요한삼서의 발신자는 요한이고 수신자는 가이오입니다. 가이오는 바울의 마지막 전도 여행 시 그리스로부터 마게도냐를 지나 드로아까지 동행한 더베 사람 가이오(행 20:4)로 알려져 있습니다. 나중에 이 가이오는 요한 사도에 의해서 버가모의 첫 감독으로 임명됩니다.

1. 섬김의 사람

요한이 그렇게 가이오를 신뢰하고 사랑하게 된 이유는 무엇일까요? "형제들이 와서" 소식을 전했던 것입니다(3). 가이오에 대한 소문은 "진리 안에서 행한다"는 것이었습니다. 진리 안에서 행하는 구체적인 사례, 바로 그 형제들이 경험한 것이었습니다.

이 형제들은 "나그네"라고 표현됩니다(5). 그들은 "주의 이름을 위하여" 나그네가 된 복음을 전하는 전도자들이었습니다.

그런데 그들에게 필요한 것을 누가 공급하겠습니까? 바로 이때 "나그네된 자들에게 행하는 것"이 가이오가 한 일입니다(8). 가이오는 선한 영향력을 끼치는 사람이었습니다. 가이오 주변에는 사람이 모였습니다. 가이오에게 가면 누구든 영접을 받고 환대를 받았습니다.

나그네들은 이방인들로부터 아무것도 받지 못했습니다. 그러나 가이오는 아무런 대가를 기대하지 않고 섬겼습니다.

베푸십시다. 주님이 다른 것으로 보상하십니다. 어쩌면 그가 하는 일은 잠자리 마련해주고 식사 대접하고 혹 경비를 다소 주는 일이었을 것입니다. 비록 그것이 작은 일과 같아도 잘 쓰임받는 선한 일입니다.

2. 나서는 사람

가이오 주변에는 전혀 다른 사람이 있었습니다. 사도 요한은 그 디오드레베에 관해 듣고 있었습니다(10).

그는 어떤 사람인가? 나서는 사람이요 "으뜸되기를 좋아하는" 사람이었습니다(9). 그는 으뜸이 되는 사람이 아니라 으뜸이 되기를 좋아하는 사람이라는 것입니다. 이런 사람은 교만으로 가득 차 있는 사람입니다. 그는 자기보다 못한 다른 사람을 무시하고 자기보다 잘난 사람은 가만두고 보지를 못합니다. 어떻게든지 흠을 내고 끌어 내리려고 합니다. 그는 자신의 존재감을 높이려 할 뿐입니다. 그러기 때문에 다른 이들을 희생시켜 가면서까지 자신을 높이는 것입니다.

디오드레베의 으뜸되기를 좋아하는 성향이 어떻게 나타났습니까? 요한이나 믿음의 나그네 된 형제들을 받아들이지 아니했습니다(9). 나아가 악한 말로 비방까지 했습니다(10).

그런 자는 심지어 없는 말을 지어내서 사람들을 이간질하기도 합니다. 거기에 만족치 못하고 선한 일을 하는 자들을 해꼬지하고 교회 공동체에서 쫓아내기도 합니다.

사실, 디오드레베 같은 사람들은 "하나님을 뵈옵지 못한 자들"인 것입니다(11).

3. 선한 것을 본받으라

가이오와 디오드레베는 같은 시대, 같은 교회에 속해있었습니다. 그럼에도 전혀 다른 삶을 살았습니다. 한 교회의 중요한 직분자일 두 사람의 대비는 현대의 우리들에게도 날카로운 교훈을 남겨주고 있습니다. 사도 요한은 우리에게 "본받지 말고"와 "본받으라"고 권고합니다.

비록 디오드레베의 영향력으로 인해 가이오가 냉소를 당한다 할지라도 선한 행위를 지속적으로 행할 것을 권면합니다. 그리스도인들이 본받아야 할 중요한 본은 실제적인 사랑(6) 그리고 옳은 행실(11)입니다. 이는 그리스도인들이 닮아가야 하는 예수 그리스도의 속성들입니다.

악을 행하는 자들은 하나님과 교제할 수 없고 대면할 수 없으며 끝내 심판을 받을 수밖에 없습니다.

▶ 학습 문제

(1) 초대 교회 시기에 '나그네'라 불리던 이들은 누구입니까?

　답: 두루 다니며 복음을 전하던 순회 전도자

(2) 이제부터 봉사와 섬김의 삶을 어떻게 살 것인지 나누어 봅시다.

　답: 먼저 교회 공동체 안에서 구체적인 일들을 생각하기.

☀ 기도

은혜로우신 하나님, 인정받기와 나서기를 좋아하는 우리의 본성을 고치시사 주님의 섬김의 도를 따르는 제자가 되게 하옵소서. 예수님 이름으로 기도합니다. 아멘.

❋ 중보기도

(1) 안 보이는 자리에서 섬기는 지체들을 축복하옵소서.

(2) 우리들의 교회에 가이오와 같은 종들이 많이 나오게 하옵소서.

▶ 만남의 준비

히브리서 10장 24-25절을 읽고 나는 성도간의 교제를 잘하고 있는가 생각해 보십시오.

26. 교제하는 삶

성경: 히브리서 10:24-25 (외울 말씀 25절)
찬송: 210장(245), 220장(278)
주제: 하나님과의 교제를 회복한 우리는 성도들과의 교제도 잘 키워나가야 합니다.

아담 이후 인간은 외로운 존재가 되었습니다. 범죄한 인류의 시초는 하나님을 피해 숨었으며 그 후손들은 하나님과 단절된 채로 태어났습니다. 그러나 하나님은 교제의 회복을 원하셨으며 끊임없이 다가오셨습니다. 이제 예수 그리스도를 믿어 하나님의 자녀가 된 우리는 하나님과, 그리고 함께 자녀된 서로와 더불어 교제를 회복해가야 합니다.

1. 하나님과의 교제

우리는 창조론을 택할 것이냐 진화론을 택할 것이냐 결정해야 합니다. 창조론은 하나님이 우리를 창조하신 분으로 믿고 받아들입니다. 진화론은 모든 것을 우연의 시각에서 봅니다. 나라는 존재가 단순한 우연히 나타난 존재인가, 아니면 창조자에 의해 지어진 존귀한 존재인가? 성경은 분명하게 '태초에 하나님이 천지를 창조'하셨다고 선언합니다(창 1:1).

나의 피조물 됨을 인정한다면 창조자의 설계도인 성경을 통해 하나님이 누구시며 나는 누구인지에 대한 답을 찾아야 합니다. 성경이

기록된 목적은 우리에게 영원한 생명이 있음을 알게 함입니다(요일 1:3). 창조주 하나님과 그의 아들 예수 그리스도와의 사귐을 회복하는 것만이 생명을 얻고 영원히 사는 유일한 길입니다. 하나님과의 친밀한 교제는 가장 온전한 삶의 열쇠입니다.

2. 초대 교회의 공동체

예수 그리스도를 믿어 하나님과의 교제를 회복한 사람들은 모여서 지상의 첫 교회를 형성하게 되었습니다. 초대 교회 공동체의 성도들은 사도의 가르침을 받는 일을 결코 소홀히 하지 않았습니다(행 2:42). 말씀에 기반을 두지 않은 신앙은 모래 위에 지은 집과 같습니다.

나아가 초대 교회 성도들은 서로 교제하며 서로의 아픔을 이해하고 그들 서로의 필요를 파악했습니다(행 2:45).

그리고 성찬을 행하고 음식을 나누며 함께 섬김을 당연시 여겼습니다. 그들은 또한 공동체를 위해, 지체들을 위해 기도하는 일을 결코 소홀히 하지 않았습니다. 하나님은 그런 공동체를 통해 성령을 부어주시고 놀라운 부흥의 불길을 일으키셨습니다. 오늘 우리들의 교회 공동체에도 그런 부흥이 다시 시작되기를 소원합니다.

3. 성도들의 교제

성도들의 교제는 거룩하고 아름답습니다. 교회는 이익단체 모임이나 인위적 조직체가 아닙니다. 하나님의 큰 사랑을 경험한 자들이 공동체 안에서 서로를 용납하고 선행으로 서로를 돌보게 되는 것입니다.

특히 히브리서 기자는 10장 24,25절에서 분명하게 권고합니다. 성도들은 서로 돌아봐야 합니다. 돌아보는 방법은 그리스도인들 안에 있는 두 가지 덕목, 즉 사랑과 선행을 서로 격려하는 것입니다. 사랑은 다른 이의 삶 속에서 필요로 하는 것을 돌아보는 것입니다. 선행은 돌보는 사랑을 구체적으로 표현하는 행위입니다(히 6:10). 그리스도인 상호간의 능동적인 지원과 관심은 시련으로 인해 좌절하기 쉬운 공동체 삶 속에서 매우 긴급하고 중요한 것이었습니다.

또한 이것은 모이기를 열심히 해야 유지되는 것입니다. 모임을 폐하는 것은 상호 위로와 격려를 받을 수 있는 기회를 상실하는 것이기에 모임을 권면한 것입니다.

나아가 심판의 날이 다가오면 올수록 모이기를 폐하지 말아야 합니다. 더욱 열심을 내어 다가오는 고난과 박해 속에서 서로 격려와 위로를 통해 담대해져야 하기 때문이었습니다.

이 원리는 현대의 우리 교회 공동체에도 필요합니다. 교제의 방해 요소는 이런 것들이 있습니다. 쓴 뿌리, 교만, 비교의식, 부정적 태도, 게으름, 두 마음, 바쁜 활동 등. 반면에 교제에 임하는 바른 태도들은 이런 것이 있습니다. 적극적으로 배우고자 함, 서로 존경하며 겸손함, 서로 돌아봄, 사랑으로 임함, 솔직한 의사소통, 용납하는 자세, 서로 권면하는 자세, 서로 같은 뜻을 품음 등.

▶ **학습 문제**

(1) 성령 받은 성도들이 모인 지상 첫 교회는 무엇입니까?

　　답: 예루살렘 교회

(2) 교제의 방해 요소 중 내게 혹시 남아 있는 것은 무엇입니까?

　　답: 찾아서 회개하고 돌이킴

☀ 기도

존귀하신 하나님, 이 시대에 그리스도인답게 효의 도리를 감당하며 나아가 참 신앙인의 향기를 발하며 살게 하소서. 예수님 이름으로 기도합니다. 아멘.

☀ 중보기도

(1) 고부간의 어려움을 겪고 있는 OO가정에게 주의 평강을 주소서.

(2) 어떤 대가를 지불하고라도 믿음의 결단과 선택을 하는 우리 교회 지체들이 되게 하소서.

▶ 만남의 준비

시편 13장 1-6절을 읽고 나의 기도의 패턴을 생각해 보자.

PART 04

옥성석 목사 편

27. 기도의 패턴을 바꿔보라

성경 : 시편 13:1-6 (외울 말씀 5절)
찬송 : 361장(480), 364장(482)
주제 : 나의 기도 패턴을 바꿔 삶으로 올려드리는 기도가 되어야
합니다.

다윗은 시편 150편 중에서 70여 편의 시를 썼습니다. 그 가운데서 대표적인 작품이 시편 6, 13, 16, 22, 23, 51편 등입니다. 그중에 16, 23편은 처음부터 끝까지 감사로 가득 차 있습니다. 하지만 두 시편에 '감사'라는 단어가 등장하지 않습니다. 나머지 4편은 탄식이 주제입니다. 감사보다 탄식, 원망하는 경우가 더 많음을 보여줍니다. 구체적으로 어떤 탄식입니까? 시 6, 51편은 죄를 지은 자의 탄식입니다. 반면 13, 22편은 죄를 짓지 않은 자의 탄식입니다. 어느 쪽이 더 힘들까요? 죄값을 치른다고 생각하면 원망스럽지 않습니다. 하지만 아무 잘못도 없는데도 어려운 상황에 던져지면, 감당하기 힘듭니다. 13편이 그렇습니다. 시의 배경을 구체적으로 알 수 없지만 분명한 것은 잘못한 일이 없음에도 다윗이 시련과 어려움을 당합니다. 그래서 그는 입을 열자마자 '어느 때까지니이까'를 반복합니다.

1. 어느 때까지니이까.
1-2절을 보면 '어느 때까지니이까'를 4번이나 반복합니다. 그래서 지

금 어떤 상태입니까? (1) 그 영혼이 번민합니다. (2) 종일토록 근심이 떠나지 않습니다. (3) 원수가 자기를 치며 자랑합니다. (4) 마음이 막 흔들립니다. 그런데 이런 상황에서 어떤 생각이 번쩍 들었습니까? 그때 그가 가장 염려하고 걱정했던 것은 바로 '사망의 잠(3절)'이었습니다. 여기 사망의 잠이란 무엇을 뜻할까요? 사무엘 선지자가 이스라엘 백성들에게 이야기했던 것처럼 기도를 쉬는 것을 말합니다(삼상 12:23). 그렇다면 우리는 언제 기도를 쉬어 버리는 사망의 잠을 잘까요?

첫째, 요나처럼 너무 잘 풀릴 때입니다(욘 1:5). 둘째, 엘리야처럼 너무 힘들 때입니다(왕상 19:4-5). 다윗은 지금 엘리야와 같은 케이스입니다. 그가 이유 없는 고난을 당하고 있습니다. 도무지 그 이유를 알 수 없습니다. 그래서 '어느 때까지니이까'를 반복하고 있는 것입니다. 이런 다윗 충분히 이해가 되지만 이러한 기도를 들으면 어떤 느낌이 듭니까? 너무 떼를 쓰는 것 같습니다. 하나님은 언제나 기도를 들어주셔야 하는 분, 내가 한번 외치면 꼭 응답하셔야 하는 분, 마치 채권자와 채무자의 관계처럼 느껴집니다. 그런데 그의 기도는 1, 2절에서 끝나지 않습니다. 3절에서 완전히 분위기를 바꿉니다. '나를 생각해 주시옵소서' 이것은 '어느 때까지니이까'라고 부르짖을 때와는 완전히 다른 패턴입니다. 어느 쪽이 하나님 앞에서 더 호소력있는 자세입니까?

2. '나를 생각하옵소서'

그러면 다윗은 어디서 이 기도를 배웠을까요? 바로 믿음의 선배들을 통해서 입니다. 아브라함(창 19:29), 이삭(창 26:24), 라헬(창 30:22), 모세(신 9:27), 한나(삼상 1:11), 삼손(삿 16:28)에 보면 하나님께서는 이들을 생각하시고, 기억하셔서 그들의 기도에 응답하셨습니다. 그래서 다윗은 기도의 패턴을 바꿉니다. 어떻게 바꿉니까? "여호와 내 하나님이여 나를 생각하사 응답하시고 나의 눈을 밝히소서"(3절).

'생각하옵소서'의 기도는 겸손이 묻어 있습니다, 처분이 묻어 있습니다. 인내가 묻어 있습니다. 더 이상 앙탈부리지 않습니다. 하나님의 뜻에 모든 것을 맡깁니다. 하나님은 합력하여 선을 이루시는 분임을 기도 가운데 고백합니다. 그는 이 기도를 올리는 것이 아닙니다. 겸손, 처분, 인내를 제물로 올려드리고 있습니다. 이런 다윗을 하나님은 외면치 않으시고, 놀라운 은혜를 부어주셨습니다.

사랑하는 성도 여러분!

어떤 상황에 있습니까? 그래서 어떤 태도로 하나님 앞에 나아가고 있습니까? 우리는 한결같이 '나를 생각해 주시옵소서'의 기도를 즐겨했습니다. 기도는 종합 신앙이라고 생각합니다. 기도는 단순히 엎드려 간구하는 것이 아니라 삶, 예배, 헌신, 나눔이 어우러져야 합니다. 기도가 응답되지 않을 때 자신의 기도 패턴을 살펴보길 바랍니다. 바꿔야 할 부분은 없는지, 너무 당연하게 생각하지는 않는지, 기도에 겸손, 처분, 인내가 묻어 있어야 합니다. 그런 자의 기도를 하나님은 들으십니다.

▶ **학습 문제**

(1) 다윗의 원래 기도의 모습은 어떠했습니까?

　답: '어느 때까지니이까'반복하는 떼를 쓰는 기도였습니다.

(2) 그렇다면 그의 기도가 어떻게 바뀌었습니까?

　답: '나를 생각하여 주옵소서'의 기도로 하나님께 삶을 맡겨 드리는 기도입니다.

✤ 기도

하나님 아버지, 나의 기도가 바뀌어 하나님의 마음에 합당한 기도가 되길 간절히 소망합니다. 나를 변화시켜 주옵소서. 예수님의 이름으로 기도드립니다. 아멘.

✤ 중보기도

(1) 우리 교회에 기도가 변화는 새바람이 불어오게 하옵소서.

(2) 우리 교회가 기도를 통해 영혼의 살아남을 경험하게 하옵소서.

▶ 만남의 준비

창세기 28장 18-19절을 읽고, 벧엘의 하나님을 묵상해보자.

28. 벧엘의 경험이 있는가

성경 : 창세기 28:18-19(외울 말씀 19절)
찬송 : 338장(364), 490장(542)
주제 : 하나님이 임재하시는 벧엘을 경험할 때 내 삶에 변화가 일어납니다.

신앙생활을 하다보면 잊지못할 사건, 장소가 떠오릅니다. 야곱에게 묻는다면 그는 주저함 없이 벧엘이라고 할 것입니다. 왜냐하면 이곳에서 그는 생애 처음으로 중생(Born Again)의 체험을 했기 때문입니다. 그곳에서 그는 눈이 열리고, 귀가 열리며, 닫혔던 입이 열리는 놀라운 체험을 합니다. 벧엘에서 하나님을 만나고, 완전히 새롭게 변화되었습니다. 여러분에게도 '벧엘'의 경험이 있기를 바랍니다.

1. 벧엘을 경험한 자의 변화

벧엘은 경험한 자의 첫 번째 변화는 자기 자신에게 나타납니다. "야곱이 잠이 깨어 이르되 여호와께서 과연 여기 계시거늘 내가 알지 못하였도다(창 28:16)" 자신이 지금까지 잠을 자고 있었다는 것을 깨닫고선 스스로 자던 잠을 의지적으로 깨웁니다. '내가 이렇게 살아서는 안 되겠다. 지금 잠에 빠져있을 때가 아니다.' 우리에게 이 경험이 있기를 바랍니다. 영적으로 깊은 잠에 빠져있는 자들이 있다면 스스로 일어나기를 바랍니다.

두 번째 나타나는 변화는 하나님에 대한 올바른 인식입니다. 방금 읽은 16절에서 야곱은 자신이 지금까지 하나님에 대해서 잘못 생각하고 있었음을 실토하고 있습니다. 그런 그가 드디어 중생의 체험을 하고 나니 하나님에 대해 바르게 인식하기 시작합니다. '이곳이 하늘의 문이로다. 여기 하나님이 계신다(17절).' 그날 밤 야곱이 깨달은 것은 하나님이 여기, 이 황량한 들판에도 계신다는 것을 경험했습니다. 경이로움을 느끼게 됩니다. 여러분은 중생하셨습니까? 그래서 자기 자신에 대해서 바른 자각이 있습니까? 또 하나, 하나님에 대한 올바른 인식을 가지고 있습니까?

이렇게 중생한 사람에게 나타나는 중요한 표징은 바로 우선순위가 바뀐다는 점입니다. 중생한 야곱을 보십시오(창 28:18-19). 그가 지금 무엇을 하고 있습니까? 베개하였던 돌을 기둥으로 세우고 있습니다. 단을 쌓았다는 것은 그가 중생의 체험을 하고 난 후, 제일의 가치를 예배에 두었다는 뜻입니다. 오늘도 하나님은 영과 진리로 예배드리는 자를 찾고 계십니다(요4:23). 중생을 체험한 사람은 하나님 앞에 예배드리는 것을 가장 소중하게 생각하고, 예배를 가장 우선순위에 둡니다. 왜냐구요? 하나님은 우리를 예배자로 부르셨기 때문입니다.

2. 하나님을 만나 변화된 야곱

그런데 여러분, 야곱이 지금 드리고 있는 예배를 상상해 보면 황량한 들판에 돌 하나 세워 놓고 혼자서 예배를 드리고 있습니다. 이 야곱의 예배가 모든 예배의 모델입니다. 무엇을 뜻합니까? 예배에 참석하는 내가 예배의 주최자가 되어야 한다는 것입니다. 야곱은 지금 자기가 예배의 주역이 되어서 예배를 인도하며, 자기 스스로 제물이 되어 하나님 앞에 나아가고 있습니다. 인간이 볼 때 얼마나 쓸쓸하고 볼품 없는 예배입니까? 하지만 그 예배를 하나님은 받으셨습니다. 그리고 야곱은 인상적인 행동을 합니다. 18절을 보면 야곱은 돌을 세우고 그 위에 기름을 붓습니다. 당시에는 기름 같은 것이 중요한 물물교환의 수단으로 쓰여졌습니다. 이것으로 먹을 양식도 구하고, 노잣돈을 해야 합니다. 그런데 자신이 가진 그 고귀한 기름을 남김없이 쏟아붓습니다. 무엇을 의미할까요? 더이상 기름을 의지하지 않겠다는 의지적 표현입니다. 하나님을 만난 이후 그 하나님만 의지하겠다는 결단으로 돌단 위에 기름을 붓습니다. 왜냐하면 기름보다 더 고귀한 하나님을 만났기 때문입니다.

오늘까지 신앙생활 해오면서 여러분이 그렇게 소중하게 생각하는 기름을 제단 위에 쏟아부어 본 적이 있습니까? 값비싼 향유를 주님 앞에 쏟아부었던 마리아처럼 귀중하게 생각하며, 모았던 것을 쏟아 버린 적이 있습니까? 계산도 없이, 어떤 대가도 바라지 않고 말입니다. 기름을 쏟아부은 후 야곱은 십일조를 드린다는 결단까지 합니다(창 28:22). 이렇게 삶의 현장에서 돌단을 쌓고 예배를 소중히 여기며, 그 현장에 기름을 쏟아부으며, 신실한 약속까지 하나님 앞에 올려드리는 야곱을 하나님은 결코 외면치 않으셨습니다.

사랑하는 여러분! 여러분은 벧엘의 경험이 있습니까? 야곱처럼 하나님 앞에서 손을 펼 때, 하나님께서 그 편 손 위에 하늘의 축복을 쏟아 부어주실 것입니다. 이 영적 경험이 모두에게 있기를 소원합니다.

▶ **학습 문제**

(1) 벧엘을 경험한 사람의 두 가지 변화는 무엇입니까?

답: 자기 자신의 변화와 하나님을 올바로 인식하게 되는 변화입니다.

(2) 벧엘을 경험한 야곱이 하나님께 했던 행동은 무엇입니까?

답: 돌을 쌓고, 기름을 붓는 행위로서 하나님을 예배하는 예배자가 되었습니다.

☀ 기도

하나님 아버지, 사방이 막힌 상황에도 기도의 골방에서 벧엘의 하나님을 만나게 하여 주시고, 내 삶에 변화가 나타나게 하옵소서. 예수님의 이름으로 기도드립니다. 아멘.

☀ 중보기도

(1) 주님의 자녀들이 무더위 속에 건강 잃지 않게 하옵소서.
(2) 기후 위기 속에 청지기의 심정으로 자연을 잘 돌볼 수 있는 마음을 주옵소서.

▶ 만남의 준비

창세기 32장 24-29절을 읽고, 져 주시는 하나님을 묵상해보자.

29. 져 주시는 하나님

성경 : 창세기 32:24-29(외울 말씀 28절)
찬송 : 336장(383), 337장(363)
주제 : 나를 위해 져 주시는 하나님을 경험하는 인생이 됩시다.

자녀들을 키워보면 형제간에도 경쟁의식이 있습니다. 성경의 대표적인 인물이 야곱입니다. 야곱은 어머니 배 속에서부터 싸웠습니다. 마지막 순간에는 형의 발목을 잡고 나올 정도였습니다. 어려서부터 형제간에 깊은 골이 생겼고, 결국 야곱은 집을 나와 외삼촌 집으로 도망하게 됩니다. 그런데 에서는 그 동생이 돌아온다는 소식을 듣습니다. 이 소식을 접한 에서는 눈이 뒤집혔습니다. 그는 살의를 품고, 사백 명의 장정들을 모아 야곱을 향해 달려오고 있습니다.

이 사실을 알게 된 야곱은 어떻게 합니까? 자신의 예물을 앞세웁니다(창 32:20). 그런데 그는 더 나아가서 차례를 세워 형 에서를 만나려고 합니다(창 32:21-23). 어떤 차례인가요? 제일 앞에 두 아내와 두 여종, 열한 아들, 그 다음 그의 소유, 그리고 제일 뒤에 야곱입니다. 그만큼 물질에 집착하고 있었습니다. 그리고 야곱은 홀로 남아 어떤 사람과 씨름을 합니다(창 32:24). 어떤 사람들은 이 사건을 얍복 나루터에서 생명을 걸고 기도한 기도의 현장이라고 말합니다. 하지만 면밀히 살펴보면 이 얍복 나루터의 사건을 기도라고 보는 것은 무리입니다. 왜 그럴까요?

1. 야곱의 씨름은 어떤 의미입니까?

우선, 기도란 무엇입니까? 기도는 '내가 소원이 있어서, 내가 필요해서' 기도자인 내가 하나님 앞에 나아가는 것입니다. 그리고 겸손하게 나의 소원을 그분께 아뢰는 것입니다. 그런데 본문에는 야곱이 하나님 앞에 기도하러 나아갔다는 표현이 없습니다. 또 하나, 씨름의 히브리어는 '아바크'입니다. 이것은 싸움이란 뜻에 가깝습니다. 싸움을 벌이고 있다는 뜻입니다. 야곱은 그저 홀로 남아 형 에서로 인한 두려움으로 벌벌 떨고 있을 뿐입니다. 바로 그 현장에 하나님이 나타나십니다. 싸움을 거십니다. 그러므로 이 현장은 생명을 건 기도의 현장이라기보다는 싸움 현장이라고 보아야 합니다. 상대가 죽이려고 하니 살기 위해 같이 붙잡았을 것입니다.

그런데 서로 부딪히며 뒹구는 과정에서 야곱은 그분이 하나님이라는 놀라운 사실을 알게 됩니다(창 32:30). 당시 사람들이 하나님을 보면 죽음을 맞이하였습니다. 그런데 야곱은 끝까지 싸웁니다. 더 놀라운 일은 싸움의 결과입니다. 하나님이 져 주셨습니다. 왜입니까? 누구든지 이길 수 있다는 자신감을 심어주기 위해서입니다. "너는 이제 누구든지 이길 수 있다." 야곱의 자신감을 회복시켜 주기 위해, 하나님은 얍복 강변에 친히 나타나셨으며 대결해 준 것입니다. 져 주신 것입니다.

여기에서 우리는 야곱을 향한 하나님의 형언할 수 없는 사랑을 발견합니다. 지금 야곱은 정말 두렵고 답답하여 견딜 수 없고 기도할 힘조차도 잃어버린 채 혼자서 무엇을 어떻게 해야 할지 몰라 의욕을 상실했습니다. 바로 그 때 하나님이 나타나신 것입니다. 그리고 하나님이 그에게 져 주신 것입니다. 하나님을 이겼는데 그 누구와 싸움을 한들 질 리가 있겠습니까? 이 기이한 경험 이후 최대의 난적, 큰 산 '에서'를 향해 담대하게 나아갑니다. 야곱은 변화되었습니다.

2. 져 주시는 하나님

사랑하는 여러분! 우리가 쓰러진 자리에서 좌절하지 않고 일어설 수만 있다면 하나님은 그 어떤 수모도 참으십니다. 우리에게 맞고, 발길질을 당하고, 짓밟힘을 당하는 것도 마다하지 않으십니다. 우리가 이세상에서 힘과 용기를 가지고 일어설 수만 있다면 그 어떤 희생이라도 능히 감수하십니다. 그분은 우리가 새 소망을 얻는 길이라면 당신의 독생자라도 아낌없이 던져주시는 분이십니다.

여러분, 그런 하나님을 믿습니까? 야곱처럼 큰 산 앞에서 두려움에 벌벌 떨면서 문제 앞에서 좌절한 채 쓰러져 있습니까? 하나님께서 여러분 곁에 나타나서서 '나와 한 판 붙어보자'고 말씀하십니다. 이 하나님을 붙잡을 수 있기를 바랍니다. 이 하나님을 통해 새 힘과 능력을 공급받게 될 것입니다. 쓰러진 자리에서 다시 일어나게 될 것입니다. 우리 하나님은 져 주시는 하나님이십니다. 어떤 환경에 던져졌다할지라도 우리로 하여금 그 자리를 박차고 일어나도록 은혜 베푸시는 주님이십니다. 여러분의 삶에 져 주시는 하나님을 만나는 기쁨과 은혜가 있기를 바랍니다.

▶ **학습 문제**

(1) 씨름을 의미하는 히브리어 '아바크'의 원래 의미는 무엇입니까?

　　답: 싸움이라는 의미에 더 가깝습니다.

(2) 하나님께서 싸움에 져 주신 이유는 무엇입니까?

　　답: 누구든지 이길 수 있다는 자신감을 주기 위함이었습니다.

🌿 기도

하나님 아버지, 내 삶에 깊은 수렁과 같은 어려움이 찾아 왔을 때 져 주시는 하나님의 사랑을 경험하는 역사가 일어나게 하여 주옵소서. 예수님의 이름으로 기도드립니다. 아멘.

🌿 중보기도

(1) 전 세계 곳곳에서 일어나는 전쟁과 기근이 멈추고 평화가 임하게 하옵소서.
(2) 교회 안에 환란 당한 자들에게 하나님의 져 주시는 사랑을 경험하게 하옵소서.

▶ 만남의 준비

전도서 1장 7-8절을 읽고, 내 안에 있는 절대 공간은 무엇인지 묵상해보자.

30. 절대 공간이 있다

성경 : 전도서 1:7-8 (외울 말씀 8절)
찬송 : 286장(218), 288장(204)
주제 : 내 안에 있는 절대 공간을 예수 그리스도로 채웁시다.

'버킷 리스트'란 영화가 있습니다. 시한부 인생인 두 남자들이 죽기 전 꼭 하고 싶은 일들을 적은 목록, 즉 버킷 리스트를 들고 세상을 향한 모험을 시작합니다. 그러던 어느 날 둘은 '기쁨'이란 주제를 가지고 토론을 합니다. 딸과 소원했던 관계 회복을 시도합니다. 아내와의 화해를 시도합니다. 물론 기쁨을 얻습니다. 그러나 그것이 정말 마지막으로 해야 할 버킷 리스트일까요? 여러분들은 인생을 뭐라고 생각합니까? 왔다가 가는 것이 인생입니다.

1. 화려한 인생, 솔로몬

여기에 화려한 인생을 살았던 한 사람이 등장합니다. 솔로몬입니다. 그는 지혜, 명철, 부, 명예, 권세, 영화, 여기에 왕비와 후비들을 천여 명이나 두었습니다. 그는 원 없이 다 해 보았습니다(전 2:10, 25). 하나님께서 솔로몬에게 감상문을 쓰도록 하셨는데 그것이 바로 전도서입니다. 그가 입을 열자마자 무엇이라고 고백합니까? "전도자가 이르되 헛되고 헛되며 헛되고 헛되니 모든 것이 헛되도다"(전 1:2). 한때 솔로몬도 이런저런 것들이 행복과 만족과 보람을 안겨준다고 생각했습니다. 그런 그는 솔직히 자신의 심정을 드러냅니다. 왜 이처럼 만족을 느끼지 못하고, 도리어 허무함을 느낄까요?

첫째, 너무 짧습니다. 자궁(womb)에서 나와 무덤(tomb)에 들어가는 것은 그야말로 잠깐입니다.

둘째, 만족이 없습니다(전 1:7-8). 마치 짠 물을 마시는 것처럼 마셔도 갈증이 납니다. 솔로몬은 그 많은 재산을 가지고도 살면 살수록 욕망만 커졌습니다.

셋째, 새것이 없습니다(전 1:9-10). 이미 있던 것이 돌고 도는 것입니다. 그 어느 것 하나, 새것이 없습니다.

넷째, 기억됨이 없습니다(전 1:11). 사람들이 왜 핏대를 올릴까요? 나를 알아 달라는 것입니다. 언제까지 그렇게 허세부리며 살겠습니까? 꿈에서 깨어야 합니다.

마지막으로, 유익한 것이 없습니다(전 1:3). 왜 허무합니까? 왜 짧습니까? 왜 만족이 없습니까? 왜 새것이 없습니까? 왜 기억됨이 없습니까? 왜 유익이 없습니까? 해 아래 있기 때문입니다. 이 '해 아래'라는 말의 의미는 도대체 무엇일까요? '해 위'가 있다는 것입니다. 허무를 극복할 수 있는 길은 해 위를 바라보는 것입니다.

2. 우리에게 있는 절대공간

이 해는 하나님을 뜻합니다. 저 위의 새로운 세계를 뜻합니다. 인간이 하나님을 떠나는 순간 인생은 생명이 짧아졌습니다. 만족함이 없어졌습니다. 헌 것이 되었습니다. 이것을 회복할 수 있는 유일한 길은 아버지께로 돌아가는 것입니다. 땅 위의 삶, 해 아래서의 삶은 아무리 세상의 것으로 그 부분을 채우려고 해도 채울 수 없는 절대 공간이 있습니다. 그 절대공간을 무엇으로 채워야 할까요? 절대공간은 유일하신 예수 그리스도 한 분으로만 채울 수 있습니다. 그래서 하나님께서 이를 아시고, 이 땅에 독생자 예수 그리스도를 보내주셨습니다. 그 예수를 우리 심령 속에 모셔서 그 절대 공간을 예수로 채울 때 비로소 그 인생은 새로운 인생으로 바뀌는 것입니다.

그래서 솔로몬은 전도서를 통해 우리 인생의 본분을 가르쳐주고 있습니다. 버킷 리스트 1위가 무엇입니까? 바로 하나님을 찾고, 하나님을 경외하고, 하나님을 섬기는 것입니다.

사랑하는 여러분, 여러분은 행복하십니까? 위장하지 마십시오. 우리는 세상의 것으로는 절대로 만족할 수 없습니다. 절대 공간이 우리에게 있기 때문입니다. 여러분의 남은 생애 해야 할 한 가지는 이것입니다. 바로 예수 그리스도를 구주로 영접하고, 내 빈 공간을 예수님으로 채우는 것입니다. 이 은혜가 여러분에게 넘치기를 주의 이름으로 축원합니다.

▶ **학습 문제**

(1) 솔로몬의 삶을 한 마디로 정리하면 무엇인가요?

답: '전무후무'한 삶을 살았지만 마지막에 모든 것이 헛됨을 고백한 인물입니다.

(2) 우리 안에 '절대 공간'이 있는데 그곳은 무엇으로 채워야 합니까?

답: 예수 그리스도로 채워야 합니다.

🌱 **기도**

하나님 아버지, 내 안에 절대 공간이 있습니다. 이 절대 공간을 세상의 것으로 채우는 것이 아닌 예수님으로 채우는 역사가 일어나게 하옵소서. 예수님의 이름으로 기도드립니다. 아멘.

🌿 중보기도
(1) 우리 교회의 절대 공간을 예수 그리스도로 채우게 하여 주옵소서.
(2) 예수 그리스도를 모르고 살아가는 주변의 이웃들에게 예수님을 전하게 하옵소서.

▶ 만남의 준비
갈라디아서 1장 6-10절을 읽고, 나에게 있는 '다른 복음'은 무엇인지 묵상해보자.

31. '다른 복음'은 있다

초대 교회 당시 편지 양식은 수신자보다는 발신자를 먼저 언급했습니다. 바울이 쓴 편지들은 모두 이런 형식입니다. 그런데 갈라디아서는 다릅니다. 대단히 도전적입니다. 그 교회에 도대체 어떤 일이 있었기 때문일까요? 그 이유를 제대로 파악하려면 갈라디아서의 핵심 키워드인 '율법'이 무엇을 뜻하는지를 이해해야 합니다.

1. '다른 복음'은 무엇인가?

율법이란 무엇입니까? 하나님께서 인간의 구원을 위해 주신 것이 율법과 복음입니다. 그런데 율법에는 한계가 있습니다(레 6:3,4, 18:26, 마 5:48). 그러므로 율법 앞에 선 자는 어떤 반응을 보입니까? (1) 어떤 이는 죄인이라고 고백을 합니다(딤전 1:15, 눅 18:13). (2) 어떤 이는 탄식을 합니다(사 6:5, 롬 7:24). (3) 어떤 이는 회개를 합니다(시 51:5,7). 하지만 죄를 깨닫게 하는 거기까지입니다.

그런데 바벨론 포로 이후 유대인들은 자신들의 노력으로 율법을 완벽하게 지키려고 무던히도 애썼습니다. 탈무드나 미쉬나까지 만들었습니다. 이러다 보니 율법 자체로도 구원을 얻을 수 있다는 착각까지

하게 되었습니다. 이런 자들로 결성된 집단이 유대주의자, 바리새파, 할례주의자들이었습니다. 그리고 이들의 주장과 사상이 갈라디아 교회를 휩쓸었습니다. 하지만 그것은 분명 '다른 복음'이었습니다. 그래서 바울은 6절부터 '다른 복음'을 향해 집중포화를 퍼붓고 있습니다. 자신이 전한 복음을 강조하면서 말입니다(갈 2:16). 이렇게 '할례'라는 홍역이 잠잠해졌습니다.

하지만 또 '다른 복음'이 가만히 들어왔습니다. 그것은 교황을 중심으로 한 교권주의자들의 가르침이었습니다. 이들은 평신도 우민화정책에 돌입했습니다. 성경은 사제들이 독점했고, 미사도 라틴어로 집례했습니다. 알아들을 수 없으니 가르치는 대로 받아들이고, 따를 수밖에 없었습니다. 그때 공교롭게도 베드로 대성당 보수와 십자군 전쟁을 위해 많은 재정이 필요했습니다. 그때 사제들이 고안해 낸 것이 면죄부요, 연옥설입니다. 중세시대의 연옥설, 면죄부는 분명 '다른 복음'이었습니다.

그런데 바로 그즈음 유럽에서 중요한 두 사건이 터집니다. 하나는 구텐베르크가 인쇄 활자를 발명한 것이고, 또 하나는 종교개혁이 일어난 것이었습니다. 특히 루터는 성경을 독일어로 번역하여 일반인들이 직접 성경을 읽을 수 있도록 했습니다. 또 루터가 95개 조의 항의문을 비텐베르크 성당의 대문에 붙였습니다. 그러자 인쇄술로 인해 그 내용이 전국에 배포되고, 각국어로 번역되어 유럽 전역에 널리 퍼졌습니다. 결국 면죄부, 연옥설 같은 가르침은 '다른 복음'임이 밝혀졌습니다.

2. 우리 안에 '다른 복음'은 없을까?

다시 세월이 흘러 지금 우리 안에는 '다른 복음'이 없을까요? 본문 6-9절에서 무려 네 번이나 다른 복음이 언급되고 있습니다. 그러다가

10절에 갑자기 분위기가 바뀝니다(갈 1:10). '다른 복음'이란 말은 없지만 문맥상 다른 복음이 있다는 것을 강하게 암시합니다. 그게 무엇입니까? 사람에게 초점을 맞추고 사람들을 좋게 하려는 것, 사람들에게 기쁨을 구하려는 것. 바로 그것이 '다른 복음'이라는 것입니다. 더 직설적으로 표현하면 신앙생활하는 중요한 동기가 나를 위해서입니다. 하나님은 안중에 없습니다.

리디머 교회 팀 켈러(Timethy Keller)목사의 '내가 만든 신'은 제목 그대로 내가 신을 만들어서 조정하고 있다는 것입니다. 마음속에 각각 우상이 있습니다. 그 우상은 '저것만 있으면 내 삶이 의미가 있을거야'하는 것입니다. 그래서 하나님보다 그것을 더 찾고 추구하고 매달리며 소원합니다. 이 우상은 자주 바뀝니다. 왜냐하면 만족하지 못하기 때문입니다. 그 안에 그리스도가 없습니다. 결국 자기 사랑입니다. 말세가 되면 사람들이 자기를 사랑하는 일이 일어날 것입니다(딤후 3:1,2). 나는 어떠합니까? 하나님이 앉으셔야 할 자리에 내가 앉아있지는 않습니까? '내가 만든 신'은 바로 나입니다. 바로 이것이 오늘 우리를 미혹하는'다른 복음'임에 틀림없습니다.

사랑하는 여러분! 오늘 우리에게 다른 복음은 분명 있습니다. 자기중심, 자기사랑, 자기유익, 자기욕심이라는 이 다른 복음을 십자가에 못 박아야 합니다(갈 2:20). 그리고 내 마음의 가장 귀한 그 자리를 하나님께 드릴 때 우리의 삶은 더욱 빛날 것입니다.

▶ 학습 문제

(1)바울이 갈라디아교회를 향해 외쳤던 '다른 복음'은 무엇입니까?

답: 유대주의자, 바리새파, 할례주의자들이었습니다.

(2) 오늘날 '다른 복음'은 무엇입니까?

답: 하나님의 자리에 나를 위한 것이 앉아있을 때 '다른 복음'입니다.

☀ 기도

하나님 아버지, 나에게 있는 다른 복음을 깨닫게 하시고, 하나님을 내 마음의 주인으로 모셔드리는 역사가 있게 하여 주옵소서. 예수님의 이름으로 기도드립니다. 아멘.

☀ 중보기도

(1) 포스트모더니즘의 사회에서 교회가 복음의 진리를 붙잡게 하옵소서.
(2) 무더운 날씨 온 교회의 성도들이 건강하게 여름을 지내게 하옵소서.

▶ 만남의 준비

갈라디아서 1장 6-10절을 읽고, 복음에 대해 생각해보자.

32. 복음이 뒤집히다

성경 : 갈라디아서 1:6-10 (외울 말씀 10절)
찬송 : 322장(357), 323장(355)
주제 : 그리스도인은 바른 복음을 붙잡고 나아가는 사명자입니다.

고전 양식의 대가였던 퀸틸리아누스(Quintilianus)는 갈라디아서를 놓고 "나는 왜 바울이 그토록 거칠고 감정이 담긴 투로 말을 시작하는지 도무지 이해할 수 없다."라고 했습니다. 바울은 언제나 먼저 자상하게 교회 안부를 물었습니다. 그런데 갈라디아서만은 예외입니다. 왜냐하면 당시 교회 안에 가만히 들어온 자들로 인해 어려움을 겪고 있기 때문입니다. 그들은 "너희가 완전한 구원에 이르려면 할례를 받아야 한다."고 가르쳤고 이에 온 갈라디아 교회가 복음에서 매우 빠르게 떠나갔던 것입니다.

중요한 것은 오늘 이 시대에도 '다른 복음'이 있습니다. 1절과 10절에서 의도적으로 부각시키는 단어가 있습니다. 바로 사람입니다. 사람이 하나님을 밀어내고 그 자리를 차지할 것이라는 말씀입니다. 그리고 강단에서도 뒤집힌 복음이 선포되고 있습니다.

1. 뒤집힌 복음

빌라델비아 장로교회를 담임했던 필립 그레이엄 라이큰 박사는 말세에 다섯 가지의 뒤집힌 복음이 강단을 지배할 것이라고 했습니다.

첫째, 예수가 부자되기 위한 길임을 가르치는 번영의 복음. 둘째, 예수가 행복한 가정을 위한 길임을 가르치는 가족의 복음. 셋째, 예수가 개인의 성취를 위한 첩경임을 가르치는 자아의 복음. 넷째, 예수가 존경받는 길임을 가르치는 종교적 복음. 다섯째, 예수가 좋은 사람이 되기 위한 길임을 가르치는 도덕의 복음입니다. 이 다섯 가지는 다 좋은 것들이지만 정말 중요한 것이 없습니다.

첫째, 교회가 없습니다. 1920년대에 무교회(無敎會)운동을 일으키는 자들이 있었습니다. 코로나 시기에도 사람들은 영상예배로 얼마든지 혼자서 신앙생활 할 수 있다고 생각했었습니다. 하지만 주님은 반석 위에 내 교회를 세우겠다고 하셨습니다(마 16:18).

둘째, 예수가 없습니다. 단 하나의 객관적 진리를 반대하는 포스트모더니즘의 영향 아래에 "오직 예수" "오직 믿음" "오직 성경"이란 외침은 점차 사그라들고 있습니다. 예수만이 유일한 구원자라는 주장은 독선이 되어버렸습니다. 이런 종교다원주의가 현대인들의 심성에 스며들고 있습니다.

셋째, 내세가 없습니다. 영국의 스티븐 호킹은 『위대한 설계』란 책을 통해 천국이나 사후세계는 실재하지 않다고 했습니다. 하지만 새 하늘과 새 땅을 들여다본 사람이 있습니다. 밧모섬의 요한입니다. 그러므로 내세는 없다는 주장은 뒤집힌 복음입니다.

2. 세 가지의 영적 자가 진단 키트

교회는 없다. 예수가 없다. 내세는 없다. 이른바 이 삼무주의(三無主義)가 그 세력을 점점 넓혀가고 있습니다. 뒤집힌 복음에 물들어 가는 자들에게는 세 가지 현상이 일어납니다. 이른바 영적 자가 진단 키트입니다. 첫째, 성경으로부터 점점 멀어집니다. 성경에 대한 책이 아닌 성경 그 자체와 멀어집니다. 둘째, 교회로부터 점점 멀어집니다. 교회의 모임, 교회의 성도들과 교제하는 것이 부담스럽습니다. 한두 번 빠지다 보니, 이젠 무감각해졌습니다. 셋째, 사명으로부터 점점 멀어집니다(마 16:24). 십자가는 무엇을 뜻합니까? 사명입니다. 사명을 감당하면서 주님을 따르라고 하셨습니다. 그런데 받은 사명이 희미해집니다. "또 이르시되 너희는 온 천하에 다니며 만민에게 복음을 전파하라"(막 16:15). "죽도록 충성하라 그리하면 내가 생명의 관을 네게 주리라"(계 2:10).

사랑하는 여러분! 나는 어떠합니까? 나는 성경으로부터, 교회로부터, 사명으로부터 점점 멀어지고 있지는 않습니까? 지금 우리를 덮치고 있는 이 다른 복음, 뒤집힌 복음에 편승하여 저 절벽 아래로 떨어지고 있으면서도 전혀 깨닫지 못하고 있지는 않습니까?

이제는 내가 사는 것이 아닌 나를 사랑하사 나를 위하여 자기 자신을 버리신 하나님의 아들을 믿는 믿음 안에서 살아가는 것이 우리 크리스천입니다. 이런 자는 교회를 사랑합니다. 예수만이 유일한 구원자임을 믿습니다. 내세, 죽음 후의 세계를 바라봅니다. 그래서 이런 자는 성경을 가까이합니다. 피 흘려 사신 교회를 가까이합니다. 주신 사명에 목숨을 겁니다. 나는 어떤 자입니까? 바른 복음을 붙잡고 있는 자입니까? 아니면 뒤집힌 복음에 휩쓸려 가고 있는 자입니까?

▶ 학습 문제

(1) '삼무주의(三無主義)'란 무엇입니까?

　답: 교회는 없다. 예수는 없다. 내세는 없다.

(2) **나를 점검하는 '영적 자가 진단 키트'는 무엇입니까?**

답: 첫째, 성경으로부터 멀어지며, 둘째, 교회로부터 멀어지고, 셋째, 사명으로부터 멀어집니다.

🌿 기도
하나님 아버지, 주님 나라에 이를 때까지 복음을 꼭 붙잡고 갈 수 있는 믿음을 허락하여 주옵소서. 예수님의 이름으로 기도드립니다. 아멘.

🌿 중보기도
(1) 우리 교회가 복음의 능력을 온전히 붙잡게 하옵소서.
(2) 우리 교회가 하나님의 인도함을 받아 사명 감당하는 교회가 되게 하옵소서.

▶ 만남의 준비
갈라디아서 1장 18-20절을 읽고, 내 삶에 '삼 년'은 어떤 의미인지 묵상해보자.

33. 누구에게나 '삼 년'은 있다

성경 : 갈라디아서 1:18-20 (외울 말씀 20절)
찬송 : 336장(383), 337장(363)
주제 : 내 삶에 주어진 '삼 년'을 소망의 닻을 내리는 시간으로 여깁시다.

사회심리학자이자 코넬 대학교의 교수인 버네사 본즈 교수가 쓴 '당신의 영향력은 생각보다 강하다'라는 책이 있습니다. 저자는 여러 가지 연구 결과를 통해 인간관계에서 주고 받는 영향력을 설명하고 있습니다. 책에서 저자는 말하기를 '우리의 존재만으로도 우리가 생각하는 것보다 남에게 큰 영향을 미치기 때문에 완벽하게 의사를 표현하려고 과도하게 신경 쓸 필요가 없다.'고 이야기합니다. 다시 말하면 우리의 존재 그 자체가 영향력을 끼친다는 말입니다. 사람이 존재만으로 영향을 주고, 영향을 받는 것이라면, 길이요 진리요 생명이신 예수님께서 주시는 영향은 얼마나 거대할까요? 여기에 주님의 영향권 안에 든 자, 바울이 있습니다.

1. '삼 년'의 의미는 무엇인가?

바울은 회심 후 아라비아광야로 들어가 삼 년을 머물렀습니다. 여기 '삼 년 만에'의 '메타'라는 전치사는 삼 년을 다 채운 후라는 뜻입니다. 우리는 먼저 '삼 년'이 의미하는 영적 메시지를 살펴야 합니다. 다윗이 말년에 인구조사를 했습니다(대상 21장). 이 일을 악하게 여기신 하나님은 선지사 갓을 보내어 삼 년 기근, 석 달 도피, 삼 일 전염병 이 세 가지 중에 하나를 선택하라고 하셨습니다(대상 21:12).

여기서 우리는 하나님께서 삼 년, 석 달, 삼 일을 동일 선상에 놓고 계시다는 것을 알 수 있습니다. 또 하나, 성경에서 '3'이라는 숫자는 우리가 통과해야 할 고난의 때를 뜻할 때 주로 사용된다는 점입니다. 먼저, 삼 일입니다. 아브라함이 독자 이삭을 바치기 위해 모리아산으로 가는 길이 삼일 길입니다(창 22:4). 출애굽기에서 애굽에 흑암이 삼일 동안 임했습니다(출 10:22). 에스더는 밤낮 삼일을 금식했습니다(에 4:16). 주님께서 죽으신 지 사흘 만에 다시 살아나셨습니다(호 6:2).

다음 석 달입니다. 요게벳은 아들 모세를 석 달 동안 숨겼습니다(출 2:2). 여호와의 궤가 오벧에돔의 집에 석 달을 있었습니다(삼하 6:11). 그다음, 삼 년입니다. 여호와께 드릴 제물이 삼 년입니다(창 15:9). 이스라엘에 삼 년 가뭄이 있었고(왕상 18:1), 무엇보다 예수님의 공생애 기간이 삼 년입니다.

삼일, 석 달, 나아가 삼 년은 다 동일한 의미입니다. 씨 뿌리는 자의 비유도 마찬가지입니다(마 13장). 열매를 거둘 수 없는 길가, 돌밭, 가시떨기, 즉 삼(三)입니다.

2. 우리에게 '삼 년'은 곧 소망입니다.

바울도 말합니다. 로마서 5장 1절을 보면 우리는 구원을 받았습니다. 그런데 이어지는 구절에서는 환란과 인내와 연단, 우리가 싫어하는 단어들이 나옵니다. 하지만 놓치지 말아야 할 것이 있습니다. 그다음에 주시는 것이 있으니 곧 소망이라는 것입니다. 그러므로 누구에게나 '삼 년'은 있습니다. 중요한 것은 그 삼 년을 어떻게 해석하고 견디느냐입니다.

저는 충정교회를 부임하고 10년쯤에 번 아웃 상태였습니다. 1999년 6월 첫 주일, 무엇이라도 해 봐야겠다는 심정으로 '충정 2020 비전'을 선포했습니다. 그러던 중 신학교 함께 다녔던 친구에게 전화가 한 통 걸려왔습니다. 그 친구의 소개로 서울 충정로에 있던 교회가 경기도 일산으로 옮겨지게 되었습니다. 이 기적 같은 일은 제가 부임한지 10년이 지난 후에 일어난 것입니다. 저에게는 바울이 겪었던 '삼 년'이라는 시간이 교회에 부임하고 지냈던 10년이었습니다. 그렇게 10년을 보냈더니 하나님께서 은혜를 베풀어 주신 것입니다. 옥토에 이르게 하신 것입니다.

사랑하는 성도 여러분! 우리에게도 '삼 년'이 있습니다. 그 과정에 길가, 돌밭, 가시떨기 밭이 펼쳐집니다. 환란, 인내, 연단을 요구합니다. 믿음의 사람은 헤치며 나아갑니다. 그러면 하나님은 분명 옥토에 이르게 하십니다. 소망을 주십니다. 그래서 바울은 고백합니다. "우리가 선을 행하되 낙심하지 말지니 포기하지 아니하면 때가 이르매 거두리라"(갈 6:9). 지금 길가, 돌밭, 가시떨기입니까? 환란 중입니까? 인내가 요구됩니까? 연단 중에 있습니까? 포기하지 말고 소망을 바라보며 믿음으로 나아가는 자녀들 되기를 바랍니다.

▶ **학습 문제**

(1) **성경에서 '3'이라는 숫자가 의미하는 것은 무엇입니까?**

답: 우리가 통과해야 할 고난을 뜻할 때 주로 사용됩니다.

(2) **나에게 다가오는 '삼 년'은 무엇을 의미합니까?**

답: 환란, 인내, 연단 이후에 주실 소망을 의미합니다.

🌿 기도

하나님 아버지, 나에게 찾아오는 '삼 년'의 시간이 있을 때 흔들림 없이 인내하게 하시고, 마침내 소망을 이루게 하여 주옵소서. 예수님의 이름으로 기도드립니다. 아멘.

🌿 중보기도

⑴ 교회 안에 고난의 터널을 통과하는 지체들이 믿음으로 인내하게 하옵소서.
⑵ 주님이 주시는 소망을 가지고 온 교회가 달려가게 하옵소서.

▶ 만남의 준비

갈라디아서 2장 1-5절을 읽고, 참 스승이신 주님을 묵상해보자.

34. 그 스승을 닮았던 그 제자

> 성경 : 갈라디아서 2:1-5 (외울 말씀 5절)
> 찬송 : 452장(505), 453장(506)
> 주제 : 혼란스러운 이 시대에 참된 스승이신 주님을 본 받읍시다.

저에게는 소원이 하나 있습니다. "내가 그리스도를 본받는 자가 된 것 같이 너희는 나를 본받는 자가 되라"(고전 11:1). 나도 바울처럼 이 한마디를 하고 사역을 마무리하고, 주님 앞에 섰으면 하는 바람입니다. 그렇다면 바울이 '나를 본 받으라' 이 말을 어떻게 할 수 있었을까요? 비결은 바로 앞부분 '내가 그리스도를 본 받는 자 된 것 같이'에 있습니다. 회심 하기 전 율법이라는 몽학선생을 스승으로 모셨던 그가 나사렛 예수 앞에서 자신이 '죄인 중에 괴수'(딤전 1:15)라는 사실을 깨달았습니다. 그래서 그때부터 율법이란 몽학선생을 버리고, 예수를 일생의 푯대, 닮아야 할 스승 삼기로 다짐합니다(빌 3:14). 그러면 바울은 스승이신 그분의 어떤 모습을 본받으려 했을까요?

1. 바울이 본받으려 했던 주님의 모습 3가지

첫째, 참된 주님의 입술을 닮는 것입니다. 오늘 본문은 이렇게 시작합니다. "십사 년 후에"(갈 2:1). 여기 '십사 년'이란 갈라디아서 1장 24절 이후부터 계산하여 14년이란 말입니다. 그렇다면 바울이 14년 후를 강조하는 이유가 무엇일까요? 갈라디아서 1장 20절에서 '하나님 앞에서 거짓말이 아니로다' 부분이 눈에 들어왔습니다. 원래의 뜻은 '거짓말을 걷어낸다'는 뜻입니다. 그가 주님을 처음 만났을 때 그 주님의 소원이 자신의 입술에서 거짓말을 걷어내는 작업임을 깨달았습니다. 바울은 부활 예수를 만났을 때 주님이 그의 입술에서 거짓을 제거하기를 원하신다는 사실을 알았습니다. 그래서 제일 처음 기록한 갈라디아서에서 '하나님 앞에 거짓말이 아니로다'를 강조하는 것입니다.

말을 위한 몇 가지 원리가 있습니다. 제1원리, 말을 적게 하는 것입니다(전 5:2). 제2원리, 예, 아니오를 정직하게 할 수 있어야 합니다(마 5:37). 제3원리, 먼저 하나님께 물어보는 것입니다(느 2:4). 예수님을 따른다는 것은 우선 내 입에서 거짓을 걷어내야 합니다. 우리가 예수님을 닮는 출발점은 바로 주님의 입술을 닮아가는 것입니다.

둘째, 주님의 손을 본받아야 합니다. 지금 바울이 두 사람과 함께 가고 있습니다(갈 2:1). 바나바와 디도입니다. 바나바는 레위인이자 동시에 힘 있는 자를 대표합니다. 반면 디도는 헬라인(이방인)이었으며, 할례받지 않았기에 소외층, 가난한 자를 대표합니다. 심지어 바울과 바나바가 크게 다툰 적이 있습니다(행 15:39). 그러므로 하나가 될 수 없는 사이입니다. 그런데 바울은 양손으로 두 사람을 꼭 잡고 있습니다. 주님이 드린 마지막 기도가 무엇입니까? "하나가 되게 하옵소서"(요 17:11). 그래서 바울은 주님을 본받아 양손에 바나바와 디도를 붙잡고 나아가는 것입니다.

오늘 이 시대만큼 나뉘어진 때가 있었습니까? 세대, 이념, 좌우, 빈부, 노사, 남녀, 동서, 심지어 20대조차도 남녀로 극명하게 갈라져 있습니다. 이 갈등과 분열을 치유할 수 있는 유일한 방법은 십자가밖에 없습니다. 바울의 두 팔이 주님을 닮았듯이 우리의 두 팔도 주님을 닮아야 합니다.

　마지막으로 바울은 계시를 따라 예루살렘으로 올라갔습니다(갈 2:1-2). 주님이 이 땅에서 하신 일은 복음 전파입니다(막 1:38; 마 4:23). 그 주님이 우리에게 부탁하신 것도 주님의 발을 본받아 복음을 전하는 것입니다. 이 주님의 발을 본받기 위하여 바울은 온 천하를 다니며 생명의 위협에도 복음을 전했습니다. 오늘날 우리는 어떠합니까?

2. 그렇다면 오늘 우리는...

　최근 '미국의 CS 루이스'라 불리는 팀 켈러 목사는 '탈기독교 시대 전도법'을 들고 나왔습니다. 초대 교회는 로마제국의 박해 속에서도 첫째, 여러 인종과 민족이 함께했고, 둘째 가난한 자와 소외된 자를 돌보는 데 헌신했으며, 셋째 되갚지 않고 용서했고, 넷째 낙태를 비롯한 유아 살해를 강력히 반대했으며, 마지막으로 도덕적으로 건전한 공동체였다고 지적하면서 이런 초대 교회를 본받아야 한다고 주장하고 있습니다(마 16:18).

　사랑하는 여러분! 바울이 스승이신 주님을 닮았다는 것은 주님의 입술, 주님의 손, 주님의 발을 닮았다는 뜻입니다. 우리 또한 주님의 입술, 손, 발을 닮을 때에 우리도 '나를 본받는 자 되라!'는 말을 감히 할 수 있을 것입니다. 모름지기 참된 스승이신 주님을 닮아 입술에서 거짓을 제거하며, 양손은 하나 됨을 이루며, 발은 복음을 전하기 위해 산을 넘는 발이 됨으로 말미암아 주님을 닮은 이 땅의 스승들로서 자리매김하는 은혜가 있기를 소원합니다.

▶ 학습 문제

(1) 말에 대한 3가지 원리는 무엇입니까?

답: '말을 적게 하는 것, 예, 아니오를 정직하는 하는 것, 하나님께 물어보는 것'입니다.

(2) **바울이 본받은 주님의 모습 3가지는 무엇입니까?**

답: 주님의 입술, 주님의 손, 주님의 발입니다.

✻ 기도

하나님 아버지, 나의 삶에 주님의 입술, 손, 발을 닮아 세상에서 예수님을 전파하는 사명자로 살게 하옵소서. 예수님의 이름으로 기도드립니다. 아멘.

✻ 중보기도

(1) 나의 믿음이 예수님을 닮아 참된 스승됨을 나타낼 수 있게 하옵소서.

(2) 나의 신앙이 언젠가 '나를 본받으라' 말할 수 있는 신앙이 되게 하옵소서.

▶ 만남의 준비

갈라디아서 4장 19-20절을 읽고, 나의 전도 대상자들을 생각해 보자.

35. '해산하는 수고'가 있는가

> 성경 : 갈라디아서 4:19-20 (외울 말씀 19절)
> 찬송 : 499장(277), 502장(259)
> 주제 : 나에게 복음 때문에 불신자들을 '해산하는 수고'의 열정이 필요합니다.

가을 노회에서는 통상적으로 강도사 인허, 목사 안수식을 거행합니다. 언젠가 저에게 설교를 부탁해왔습니다. 사도행전 26장 29절을 본문으로 말문을 열었습니다. "성당에서는 '서품식'이 거행됩니다. 우리로 치면 안수식입니다. 서품을 받는 사제들은 죄수복을 뜻하는 30-40개의 단추가 달린 복장을 하고 땅에 엎드려 팔을 쫙 벌려 흙과 같은 존재가 되겠다고 결단합니다. 승려가 득도식을 가질 때는 먼저, 삭발하고 향불로 팔뚝을 태웁니다. 그 과정들이 무척 진지하고 엄숙합니다. 그런데 기독교는 축제 분위기입니다. 환한 웃음과 박수가 식장을 가득 메웁니다. 하지만 직분은 영광이 아닙니다. 안수식은 십자가에 자기를 복종시키는 예식입니다. 바울은 미쳐 있었습니다. 그는 예수에 미쳐 있었고, 복음에 미쳐 있었고, 사명에 미쳐 있었습니다."

1. 바울이 말하는 해산의 수고

바울이 예수, 복음, 사명에 미쳤던 흔적은 성경 여기저기서 발견합니다. 그는 육체의 가시로 너무 고통스러워 하나님께 세 번이나 기도했습니다. 하나님은 "네 은혜가 네게 족하다"하셨습니다. 바울은 "나의 자녀들아 너희 속에 그리스도의 형상을 이루기까지 다시 너희를 위하여 해산하는 수고를 하노니"(갈 4:19).라고 말하였습니다 요즘은 의술이 발달하여 해산의 수고를 많이 감할 수 있지만 2천 년 전에 해산하는 수고는 오롯이 산모의 몫이었습니다. 그래서 주님도 가장 큰 근심을 말씀하실 때 해산의 고통을 예로 드신 것입니다(요 16:21). 그러므로 여기 '해산의 수고'는 사람이 겪을 수 있는 가장 큰 아픔, 고통을 뜻합니다.

그런데 이 '해산의 수고'가 단지 아이를 낳는 고통만을 뜻할까요? "그리스도의 형상을 이루기까지"라고 했습니다. 그러므로 단순히 아기를 낳는 것만이 아니라 자녀를 키우는 '전 과정'을 뜻하는 말임에 틀림이 없습니다. 자녀를 낳은 부모는 그 자녀를 잘 먹여서 키워야 합니다. 처음에는 젖으로(고전 3:2), 그다음은 단단한 음식입니다(히 5:14). 그리고 온전한 인격체로 다듬어야 합니다. 그러기 위해서는 권면이 필요합니다(살전 2:11, 고후 6:13, 고전 4:21).

바울은 복음으로 낳은 갈라디아 교인들이 다른 복음을 따르는 것을 방치할 수 없었습니다. 그래서 서신에서 문안조차 하지 않습니다(갈 1:1). '저주'라는 단어까지 씁니다(갈 1:6, 8, 9). 하지만 언제까지나 이런 방법을 고집하지 않습니다. 아버지의 근엄함을 보였다면, 어머니의 따뜻함을 보입니다.

2. 바울의 진심

4장에 와서 바울은 "형제들아!"(갈 4:12)라고 부릅니다. 원래 '형제들아(아델포스)' 이 단어는 어머니의 자궁을 뜻합니다. 자궁은 가장 따뜻하고, 안전한 곳입니다. 그러면서 그들이 그동안 수고하고 애썼던 부분들을 짚어줍니다. 만일 그 가시가 뇌전증(간질)이었다면 그는 회당에서 말씀을 가르치다가, 길에서 전도하다가 쓰러졌을 것입니다. 그런데 그들은 그런 바울을 업신여기지 않고, 그를 보살핍니다. 아마 이때 바울은 눈이라도 빼어 주려는 그들의 심정을 떠올리면서 눈물을 흘렸을 것입니다. 처음에는 "어리석은 놈"이라 했습니다. 그러다가 '형제들아!'합니다. 그런데 이제 "나의 자녀들아!"(19절)합니다. 바울은 이런 갈라디아 교인들을 생각하면 그저 눈물이 납니다. 그래서 바울은 이렇게 말하는 것입니다. "나의 자녀들아 너희 속에 그리스도의 형상을 이루기까지 다시 너희를 위하여 해산하는 수고를 하노니"(갈 4:19). 이번에는 '다시'입니다. 설령 '해산하는 수고'라 할지라도 기꺼이 감당하겠노라고 다시 다짐하는 것입니다.

그렇다면 어떻게 하는 것이 '해산하는 수고'가 될까요? 바울에게서 배웁니다. 첫째, 그는 믿음과 삶에 있어서 본을 보였습니다. 둘째, 따뜻하고 부드러우면서도 부당한 행동에는 단호한 태도를 보였습니다. 셋째, 자신의 약한 부분을 솔직히 드러냄으로 완벽한 존재가 아님을 고백했습니다. 우리에게 해산하는 수고가 필요합니다. 그럴 때 나를 통해 주변이 하나님의 형상을 이루어게 될 것입니다.

▶ **학습 문제**

(1) 바울은 갈라이다 교인들을 위해 어떤 수고를 하였습니까?

답: 어머니가 자식을 낳듯이 '해산하는 수고'를 하였습니다.

(2) 어떻게 하는 것이 '해산하는 수고'입니까?

답: 믿음의 본을 보이며, 부드러우면서 단호한 태도와 약함을 솔직히 인정하는 태도입니다.

🌿 기도

하나님 아버지, 내가 가족과 이웃을 위해 해산하는 수고를 할 수 있는 믿음을 허락하여 주옵소서. 예수님의 이름으로 기도드립니다. 아멘.

🌿 중보기도

(1) 우리 교회가 불신자들을 위하여 '해산의 수고'를 감당하는 교회 되게 하옵소서.

(2) '해산하는 수고'를 위해, 복음을 위해 전력으로 달려갈 수 있는 인생되게 하옵소서.

▶ 만남의 준비

출애굽기 13장 20-22절을 읽고, 광야의 하나님을 생각해 보자.

PART 05

최종인 목사 편

9월 ▪ 광야의 축복을 인정하는 성령 인도의 달

10월 ▪ 본질과 소명을 회복하는 교회의 달

36. 광야에서 하나님의 인도를 받자

성경 : 출애굽기 13:20-22 (외울 말씀 22절)
찬송 : 430장(456), 432장(462)
주제: 인생길은 험난한 광야와도 같다. 광야를 성공적으로 통과하
기 위해서는 하나님의 절대적인 인도와 보호가 필요하다.

아브라함은 하나님의 계획을 따라가기 위해 갈대아 우르에서 이사
해야 했습니다. 다윗은 사울 왕의 죽음에서 벗어나기 위해 끊임없이
이동했고, 다니엘은 하나님이 주신 소명을 완수하기 위해 자기 고국을
떠나 이동해야 했습니다. 이처럼 인생은 자주 이동하게 됩니다. 그때
마다 하나님의 인도하심이 필요합니다. 이스라엘 백성들은 홍해를 건
넌 후 숙곳에서 출발하여 광야 끝 에담에 진을 쳤습니다. 이때 여호와
께서 낮에는 구름 기둥으로 그들 앞에 행하여 길을 인도하셨고, 밤에
는 불기둥으로 빛을 주어 낮과 밤으로 행진할 수 있게 하셨습니다. 구
름 기둥, 불기둥의 의미는 무엇일까요?

1. 하나님의 임재

구름과 불기둥은 사람들이 보고 들을 수 있는 것이었습니다. 그것은
하나님이 바로 그들과 함께 계신다는 것을 상기시켰습니다. 하나님의
현존 없이는 여기 있는 단 한 사람도 자신의 완전한 운명으로 나아갈
수 없습니다. 오늘날에도 우리는 여전히 하나님의 임재가 필요하지

만, 그분은 불과 구름 기둥을 제공하지 않습니다. 이제 우리는 하나님의 말씀에서 하나님을 보고, 함께 예배할 때 하나님을 느끼고, 기도할 때 하나님을 체험합니다. 모든 성도는 삶에서 하나님의 임재가 필요합니다. 이스라엘 백성에게 구름은 하나님의 영광과 임재를 의미했습니다. 백성보다 앞서 나아가면서 하나님의 영광인 구름, 곧 히브리어로 '거하다'라는 뜻의 셰키나가 장막에 나타났다는 것입니다. 이는 하나님께서 바로 그곳에 함께하심을 보여주는 것입니다.

2. 하나님의 공급

구름 기둥과 불기둥은 하나님께서 사람들에게 공급하시는 능력을 상징합니다. 이스라엘 백성은 그들의 모든 여정 동안 구름이 장막 위에 떠오르면 출발했습니다. 그러나 구름이 떠오르지 않으면 그들은 출발하지 않았습니다. 이는 여호와의 구름이 낮에는 장막 위에 있었고, 밤에는 불이 그 안에 있었기 때문입니다. 이는 이스라엘 온 족속이 그들의 모든 여정 동안 보는 가운데서였습니다(출 40:36-38). 그들이 볼 때마다 구름이나 불이 있었습니다. 그리고 이것은 그들에게 하나님께서 그들을 위해 마련해 주신 것을 상기시켰습니다. 낮에는 구름이 그들을 태양으로부터 보호해 주었고, 밤에는 불이 따뜻함과 빛을 제공했습니다.

이 현상을 묘사하면서 시편 기자는 이렇게 썼습니다. "여호와께서 낮에는 구름을 펴사 덮개를 삼으시고 밤에는 불로 밝히셨으며"(시 105:39). 구름이나 불기둥은 약속의 땅으로 가는 40년 여정 내내 그들 앞에 있었습니다. 사람들이 죄를 지었을 때, 정탐꾼들이 그 땅에 대해 부정적인 보고를 하고 사람들을 낙담시켰을 때조차도, 하나님은 그들과 함께 계셨습니다. 기둥들은 사람들이 약속의 땅에 들어갔을 때 사라졌습니다.

3. 하나님의 보호

이스라엘 백성에게 구름 기둥과 불기둥은 단순히 그들을 인도해 주는 것이 아니라 그들을 보호하는 역할을 했습니다. 밤새도록 강풍이 몰아치면서 홍해를 가르신 놀라운 순간을 상상해 보십시오. "모세가 바다 위로 손을 내밀매 여호와께서 큰 동풍이 밤새도록 바닷물을 물러가게 하시니 물이 갈라져 바다가 마른 땅이 된 지라"(출 14:21). 하나님은 사람들을 위해 일하셨을 뿐만 아니라, 그들을 보호하셨습니다.

홍수에 휩쓸려 지붕 위로 기어 올라간 남자에 관한 이야기를 아십니까? 사륜구동차를 탄 이웃이 와서 빨리 타라고 말했습니다. 그런데 지붕 위에 있는 사람은 "고맙지만, 주님이 저를 구해 주실 거예요!"라고 거절합니다. 이번엔 배를 탄 다른 남자가 왔습니다. "아니요, 주님이 저를 구해 주실 거예요" 물이 더 높아지고 헬리콥터가 나타났습니다. 이때에도 "아니요, 주님이 저를 구해 주실 거예요" 결국 그는 익사했고, 천국에 가서 말했습니다. "하나님, 저는 당신을 믿었는데, 왜 저를 익사하게 두셨나요?" 하나님이 대답하셨습니다. "글쎄 나는 사륜구동차, 배, 헬리콥터를 보냈는데…."라고 하셨습니다. 하나님의 임재는 우리에게 공급하고 보호해 주지만, 우리가 순종할 때만 가능합니다. 불순종하면, 당신은 당신의 선택에 따라 하나님의 보호에서 벗어나게 됩니다.

▶ 학습 문제
(1) 불기둥과 구름 기둥은 언제부터 나타났습니까? (출 13:20)
　　답: 이스라엘 백성들이 광야에 들어와 장막을 칠 때

(2) 밤에도 불기둥을 보여주신 의미는 무엇입니까? (출 13:21)

　답: 밤에도 이스라엘 백성들이 길을 떠날 수 있도록

⚘ 기도

하나님, 우리가 언제든지 인생길을 갈 때 주님의 인도하심이 함께하시길 빕니다. 광야 같은 세상에서 제가 안전하고 평안하며 순탄한 길을 가는 것은 주의 인도하심입니다.

⚘ 중보기도

(1) 갈길 몰라 방황하는 인생들이 하나님의 인도하심을 발견하기를

(2) 지금 주를 떠나 엉뚱한 곳에서 방황한다면 바른길로 걸어갈 수 있기를

▶ 만남의 준비

출애굽기 16장 1-5절, 만나를 통해 주시는 교훈을 받도록 하자.

37. 광야에서 하나님의 공급을 받자

성경 : 출애굽기 16:1-5 (외울 말씀 4절)

찬송 : 310장(410), 309장(409)

주제: 인생길은 험난한 광야와도 같다. 광야 같은 세상을 살 때 하나님의 절대적인 공급이 필요하다. 인도와 보호가 필요하다.

성경은 하나님께서 예상치 못한 방식으로 사람들을 돌보신 이야기로 가득합니다. 열왕기하 4장에서 하나님은 가난한 과부에게 기적적으로 올리브유를 공급하여 주심으로 구원하셨습니다. 모든 복음서에는 예수께서 빵 두 개와 생선 다섯 마리로 5,000명 이상을 먹이신 이야기가 나옵니다. 그러나 한순간이 아니라 훨씬 오래 지속된 기적이 있습니다. 무려 40년 동안 지속된 기적입니다. 바로 만나의 기적입니다. 하나님께서는 만나를 사용하여 이스라엘 백성이 애굽에서의 노예 생활에서 떠나 약속의 땅으로 들어가는 광야 생활 기간에 그들을 먹였습니다. 만나를 주신 이유가 있습니다.

1. 순종을 가르치시려고

"그때에 여호와께서 모세에게 이르시되 보라 내가 너희를 위하여 하늘에서 양식을 비같이 내리리니 백성이 나가서 일용할 것을 날마다 거둘 것이라 이같이 하여 그들이 내 율법을 준행하나 아니하나 내가 시험하리라"(출 16:4). 율법을 준행하는지 시험하기 위해서 만나를 공급하신 것입니다. 당시 이스라엘 사람들은 이집트의 권위 아래 400년을 보냈습니다. 이제 하나님은 그들에게 다른 방식으로 일을 하도록 소개하고 계셨습니다. 성경에서 만나를 모으는 방법에 대한 지침은 간단했습니다. 한 사람당 1오멜입니다. 약 2~3ℓ에 해당합니다. 남은 것을 보관하지 말라고 했습니다. 만나에서 벌레가 나오고 악취를 풍길 것입니다. 안식일은 유일한 예외입니다. 여섯째 날에 두 배를 모아야 했습니다. 일곱째 날에는 일이 없기 때문입니다. 만나가 등장한 직후, 하나님은 십계명을 통해 이스라엘 백성에게 율법을 주셨습니다. 광야는 이스라엘 백성이 이집트보다 더 나은 권위에 복종하는 법을 배우는 훈련장이었습니다. 그 권위는 그들에게 번영과 평화와 상속을 줄 것입니다(시 37:11).

2. 일과 휴식을 가르치시려고

6일 동안 일하고 하루 쉬는 패턴은 창조의 시작에 하나님이 제정하신 리듬입니다. 하나님께서도 창세기 2장 3절을 보면, "하나님이 그 일곱째 날을 복되게 하사 거룩하게 하셨으니 이는 하나님이 그 창조하시며 만드시던 모든 일을 마치시고 그날에 안식하셨음이니라"라고 말합니다. 창세기 2장에서 쉬었다는 단어는 히브리어로 '샤밧'입니다. 여기서 안식일이라는 단어가 유래했으며, '멈추다' '완전해지다'라는 의미입니다. 하나님께서 안식일을 거룩하게 만드셨는데, 이는 그분이 안식일을 다른 날과 구별하셨다는 것을 의미합니다. 어떤 사람은 휴식 없이 일만 합니다. 반면에, 일을 전혀 안하고 매일 쉬는 사람이 있습니다. 하나님의 원칙은 6일 동안은 열심히 일하고, 안식일에 쉬라는 것입니다. 하나님은 만나를 사용하여 안식일의 교훈을 주신 것입니다. 이스라엘 사람들이 애굽에서 노예였을 때, 휴식은 없었습니다. 일은 강요되었고, 끊임없이 이루어졌습니다. 안식일 휴식을 제공함으로써 하나님은 그분의 권위에 복종하는 것이 세상의 권세를 따르는 것보다 낫다는 것을 다시 보여주셨습니다.

3. 믿음으로 하나님을 의지하도록 가르치시려고

하나님께서는 이스라엘 사람들에게 마태복음 4장 4절에서 예수께서 말씀하신 교훈을 가르치기 위해 만나를 제공하셨습니다. "사람이 떡으로만 살 것이 아니요 하나님의 입으로부터 나오는 모든 말씀으로 살 것이라 하였느니라" 단 한마디로 하나님께서는 이스라엘 사람들을 돌보셨습니다. 하나님께서 만나가 안식일까지 하루 더 지속되도록 명령하셨을 때, 그렇게 되었습니다. 그분께서 만나가 같은 날에 상하도록 말씀하셨을 때 그렇게 되었습니다. 만나는 이스라엘 사람들에게 하나님을 신뢰하는 법을 가르치기 위한 노력이었습니다. 가나안에 들어갔을 때 그들은 더 많은 자율권을 가질 기회가 생겼습니다. 그들은 스스로 음식을 재배하고 하나님을 따를지, 아니면 맘몬의 신을 따를지 선택할 수 있었습니다. 광야는 이스라엘 사람들이 신의 신실함을 신뢰하기로 선택할 수 있는 곳이었습니다.

▶ 학습 문제

(1) 백성들이 원망하는 이유는 무엇인가요? (출 16:3)

 답: 광야로 데려와서 회중이 주려 죽는다고

(2) 하늘 양식을 허락하시는 이유는 무엇입니까? (출 13:4)

 답: 그들이 율법을 준행하는지 시험하시려고

✷ 기도

하나님, 세상을 살 때 필요한 것이 많습니다. 만나를 내려주신 것처럼 우리 인생길에도 하나님의 놀라우신 공급을 그때마다 허락해 주십시오.

✷ 중보기도

(1) 생활 중에 부족을 경험하는 이들이 하나님께 구해서 공급받도록
(2) 언제 어디서나 하나님의 능력을 신뢰하고 말씀에 순종하도록

▶ 만남의 준비

출애굽기 17장 1-7절에서 이스라엘 백성들의 문제와 해결된 비결을 배웁니다.

38. 광야에서 하나님의 훈련을 받자

성경 : 출애굽기 17:1-7 (외울 말씀 6절)

찬송 : 214장(349), 242장(233)

주제: 인생길은 험난한 광야와도 같다. 광야로 우리를 보내시는 이유는 하나님의 백성으로 훈련받도록 하기 위함이다.

출애굽기에서 이스라엘과 함께한 하나님은 가나안에 들어가기 전에 광야 생활을 통해 훈련하십니다. 광야에서 일어난 일은 매우 중요합니다. 하나님은 그들을 광야로 데리고 가서서 하나님을 의지하고, 하나님의 인도와 공급을 받고 살도록 훈련하십니다. 이스라엘을 광야로 데려가신 것은 마치 학교에 데려가는 것과 같았습니다. 신명기 8장은 그들의 교육과정이 무엇이었는지 말해줍니다. 하나님이 그들을 광야로 보내시는 이유는 그들을 벌하기 위해서가 아니라, 그들을 훈련하기 위해서였습니다(신 8:2-5).

1. 불평하는 사람들

앞의 출애굽기 두 장에서 이스라엘은 하나님께 시험을 받았습니다. 마라의 쓴물을 통해 하나님이 질병도 고치시는 분임을 배웠습니다(출 15:22-26). 만나를 통해 하나님이 공급하시는 분이심을 배웠습니다(출 16:1-5). 여기서는 이스라엘 백성들이 하나님을 시험합니다. 모세가 백성들에게 대답합니다. "너희가 어찌하여 여호와를 시험하느냐"(2

절). "그들이 여호와를 시험하여 이르기를 여호와께서 우리 중에 계신 가 안 계시는가 하였음이더라"(7절). 3절에서 그들은 "모세에게 원망" 하고 다시 노예의 정신으로 돌아갔습니다.

광야는 다툼으로 가득했고 그러한 다툼을 겪으면서 오히려 애굽에 서의 속박을 더 매력적으로 생각하기 시작했습니다. 그들의 불만은 다투는 정신으로 치솟았고, 심지어 모세를 돌로 치고 싶어 하는 수준 에 이르렀습니다(4절). 그들은 마실 물이 없었고 그들과 그들의 가축 은 목말랐습니다. 그들은 하나님께서 이전에 그들에게 물을 주셨고 다시 줄 수 있다는 것을 잊은 듯했습니다. 그들은 다시 불평했습니다. 그들이 실제로 불평한 것은 하나님이었습니다. 하나님께서 그들에게 이집트의 집을 떠나 다른 나라로 가라고 말씀하셨기 때문입니다. 불 평은 문제 해결에 도움이 안 됩니다. 광야를 쉽게 통과하려면 불평 대 신에 믿음으로 요청해야 합니다.

2. 의심하는 사람들

하나님께서 모세와 함께 그들이 낯선 땅을 여행하는 동안 그들을 잘 돌보셨지만, 그들이 다시 곤경에 처했을 때 그들은 그것을 잊은 듯했 습니다. 그들의 불평과 다툼의 근본 이유는 무엇이었을까요? 7절은 이 렇게 요약합니다. "그들은 주께서 우리 가운데 계시는가, 아니신가?" 하며 하나님을 시험했습니다. 그 말이 얼마나 우스꽝스러운지 아시나 요? 이미 하나님은 구름과 불기둥으로 항상 그들과 함께했습니다. 사 실 그들의 질문은 하나님이 어디에 계신지 궁금해서가 아닙니다. 항 상 불평으로 가득한 사람들이었습니다. 이스라엘은 조금이라고 자신 들의 삶이 모자라거나, 막히거나, 속상할 때마다 하나님의 존재를 의 심함으로 하나님을 거역하고 있습니다. 그들이 하나님과 그들의 지도

자 모세에게 불평했을 때, 하나님께서는 그들을 벌하셨고 그들이 물 없이 지내도록 허락하셨을 수도 있습니다. 하지만 하나님께서는 친절하고 자비로우셔서 모세에게 지시하여 반석을 쳐서 물이 나오게 하셨습니다(6절). 모세는 하나님의 말씀대로 했고 바위에서 물이 나왔으며 사람들은 마실 좋은 물을 충분히 얻었습니다. 하나님은 항상 모든 것에서 가장 좋은 것을 주십니다.

3. 답답한 하나님

시편 95편은 여기서 실제로 무슨 일이 일어나고 있는지 보는 데 도움이 되는 생생한 도움말을 줍니다. 7-9절을 보면, "그는 우리의 하나님이시요 우리는 그가 기르시는 백성이며 그의 손이 돌보시는 양이기 때문이라 너희가 오늘 그의 음성을 듣거든 너희는 므리바에서와 같이 또 광야의 맛사에서 지냈던 날과 같이 너희 마음을 완악하게 하지 말지어다. 그 때에 너희 조상들이 내가 행한 일을 보고서도 나를 시험하고 조사하였도다"라고 하십니다. 하나님과 그의 백성 사이 언약의 핵심은 "나는 그들의 하나님이 되고 그들은 내 백성이 될 것이다"라는 것입니다(출 29:46). 하지만 그들은 이것을 부인하고 있습니다. 더 나쁜 것은, 그들은 하나님이 그들과의 언약을 어겼다고 말하고 있습니다. 지금 광야를 걷고 있습니다. 하나님의 백성으로 훈련받는 기회가 되길 바랍니다.

▶ 학습 문제

(1) 백성들이 직면한 문제는 무엇인가요? (출 17:1)

　답: 백성이 마실 물이 없는 것

(2) 모세는 자기와 다투는 백성에게 무엇이라고 대답합니까? (출 17:2)

답: 너희가 어찌하여 여호와를 시험하느냐.

기도

하나님, 광야를 지나는 이스라엘 백성들의 모습을 보면서 나의 모습을 깨닫습니다. 불평하지 말고, 시험하지 말고, 잘 훈련받는 기회를 만들어 보다 성숙한 그리스도인이 되길 바랍니다.

중보기도

(1) 믿음이 연약해서 불평하고 짜증을 내는 이들을 위해
(2) 어떤 상황에서도 하나님을 시험하지 않고 오히려 굳세게 믿도록

▶ 만남의 준비

출애굽기 20장 1-6절을 읽고 십계명을 주신 이유를 찾아봅시다.

39. 광야에서 하나님의 계명을 받자

성경 : 출애굽기 20:1-6 (외울 말씀 6절)
찬송 : 215장(354), 289장(208)
주제: 인생길은 험난한 광야와도 같다. 하나님이 주시는 계명을
받고 계명을 따라 살 때 정도로 갈 수 있다.

여러분은 십계명을 정확하게 암송할 수 있습니까? 실제로 교인들을
보면, 십계명을 바로 아는 사람이 얼마나 적은지 놀랍습니다. 미국 잡
지 뉴스위크지에서 여론 조사를 했는데, 모든 기독교인의 49%와 천주
교인의 44%만이 십계명 중 네 가지를 말할 수 있었습니다. 십계명은
광야를 통과하는 이스라엘 사람들에게 중요했던 것처럼 오늘날에도
우리에게 매우 중요합니다. 왜냐하면 계명은 우리가 상상도 할 수 없
는 축복을 경험하도록 해방하는 하나님의 방법이기 때문입니다. 하나
님께서 우리에게 십계명을 주신 이유는 무엇일까요?

**1. 하나님께서는 그의 백성들이 법을 지키며 살도록 십계명을 주셨습
니다.**

알래스카의 앵커리지는 극한 날씨를 경험할 수 있는 곳 중 하나입니
다. 7월에도 눈이 올 수 있습니다. 오히려 1월에 더위가 올 수 있습니
다. 그곳에 사는 사람들은 현관문 옆 벽면에 모든 종류의 옷과 장비(스
노우 슈트, 재킷 등)를 보관하는 데 도움이 되는 후크를 걸어 두어 어

떤 날씨에도 대비할 수 있습니다. 여러 개의 후크는 복잡해 보이지만 옷이나 장비를 정리하는 데 도움이 됩니다. 십계명은 그런 갈고리와 같습니다. 그것은 우리가 인생의 어떤 상황에서든 하나님의 법을 인식하고 적용하도록 도와줍니다.

광야는 모든 것이 부족했습니다. 물과 식량, 필수품 등 필요한 것이 너무 많아 불편했습니다. 어떤 경우에는 좁은 골짜기에 장막을 치고, 오아시스는 작은데 많은 사람이 몰려들어 물을 길어야 했습니다. 부족하고, 좁고, 모자랄 때 사람들은 법을 지키기 어렵습니다. 십계명을 주신 덕분에 그곳에서는 살인이 일어나지 않았고, 분쟁이 있어도 곧 해결하게 되었습니다. 십계명은 간단합니다. 예수님이 요약해 주신 것처럼 하나님을 사랑하고, 이웃과 평화하면서 사랑하라는 말씀입니다. 계명을 주셨기에 광야에서 그들은 하나님을 사랑하고 이웃을 사랑하면서 살 수 있었습니다.

2. 계명은 이스라엘 민족을 구성하는 기초가 되도록 주어졌습니다.

나라를 구성하려면 필수적인 세 가지가 있다고 가르칩니다. 그것은 백성과 땅과 법을 가져야 합니다. 하나님께서는 아브라함을 갈대아 우르에서 불러내셨을 때 그에게 민족을 이루게 될 것이라고 약속하셨습니다. 애굽 땅에서 민족을 이룬 이스라엘 백성들에게 필요한 것은 이집트의 헌법이 아니라 하나님의 법, 십계명이 필요했습니다. 그것이 바로 출애굽기 20장에서 주신 계명입니다. 십계명은 출애굽 한 이후로 이스라엘 백성들의 법이 됩니다. 오늘날까지 이스라엘 헌법의 기초가 되었습니다. 구약성경에 세 번 등장하는(출 34:28; 신 4:13; 10:4) '십계명'의 히브리어 표현은 문자적 의미로 '열 가지의 말씀'이라는 뜻입니다. 십계명(decalogue)이라고 불리는데, 데카(deka)는 헬라어로 '10'을 의미하고 로고스(logos)는 '말씀'을 의미합니다. 이를 해석하면, 하나님이 시내 산에서 이스라엘 백성에게 주신 열 가지의 말씀이라는 뜻입니다. 이 십계명은 이스라엘 백성에게만 해당하지 않습니다. 과거를 넘어 현재에도 우리가 따라야 하는 말씀임을 잊지 말아야 합니다.

3. 하나님은 그의 백성이 세상과 구별되게 살도록 계명을 주셨습니다.

크리스천으로서 우리는 왕 같은 제사장이며 거룩한 나라입니다(벧전 2:9). 우리는 세상과 구별되었으며, 크리스천의 관점으로 세상을 보아야 합니다. 또 세상이 알지 못하는 하나님의 법규를 따를 마음의 준비를 해야 마땅합니다. 물론 우리는 항상 거룩한 사람들일 수 없습니다. 그러나 하나님은 우리를 거룩하게 하려고 부르셨고, 거룩은 바로 구별된다는 말입니다. 세상과 구별됨이 성도의 정체성입니다. 즉, 크리스천은 하나님의 방식대로 살아가도록 구별된 하나님의 백성입니다. 교회가 가르치는 모든 진리가 십계명 안에 담겨 있습니다. 그래서 초대 교회로부터 현대 교회에 이르기까지 사도신경, 주기도문, 십계명은 항상 강조되었고, 세례식이나 기초교리를 공부할 때도 가르쳐 왔습니다. 십계명은 우리가 짓는 죄를 알게 하고 회개하게 합니다. 동시에 그리스도인으로 살아가는 방법, 이웃을 사랑하는 방법, 하나님을 사랑하는 방법을 알려줍니다.

▶ 학습 문제

(1) 하나님은 이스라엘 백성들에게 자신을 어떻게 소개합니까? (출 20:2)

답: 애굽 땅 종 되었던 곳에서 인도하여 낸 네 하나님 여호와

(2) 제일 첫 계명은 무엇입니까? (출 20:3)

　　답: 너는 나 외에는 다른 신들을 네게 두지 말라.

✿ 기도

하나님, 광야를 지나는 이스라엘 백성들에게 십계명을 허락하셨음을 배웠습니다. 그 계명은 오늘 우리에게도 필요한 줄 압니다. 최선을 다해 계명을 따라 살도록 도우시기를 원합니다.

✿ 중보기도

(1) 집이나 직장에서 무거운 짐으로 힘들어하는 성도를 위해
(2) 우리에게 주신 계명을 따라 살아가도록 인도해 주시길

▶ 만남의 준비

예레미야 1장 4-10절을 읽고 예레미야에 대해 좀 더 깊이 알기를 바랍니다.

40. 예레미야를 부르심

성경 : 예레미야 1:4-10 (외울 말씀 8절)
찬송 : 497장(274), 500장(258)
주제 : 하나님은 당신의 사역을 진행하기 위해 충성하는 사람들을 부르신다. 오늘 예레미야의 부르심을 보면서 내게 주시는 은혜를 찾는다.

　　예레미야의 사역은 유다 왕 요시야의 통치 13년에 시작되었습니다 (렘 1:2). 그는 하나님으로부터 메시지를 전달받아 선포하라고 부른 사람이었습니다. 그것은 회개의 메시지였습니다. 하지만 슬프게도 그의 예언은 대부분 사람에게 들려지지 않았습니다. 유다 민족이 듣고 변화하기를 거부했기 때문에 하나님은 예루살렘이 바벨론 사람들에 의해 파괴되도록 허락하셨고, 회개하지 않는 자의 운명을 보여주는 사례가 되었습니다. 본문은 예레미야가 소명 받은 내용을 소개하고 있습니다.

1. 하나님은 나의 모든 것을 아신다.

　　"하늘과 땅과 바다와 그 안에 있는 모든 것을 만드신 하나님" 어쩌면 이런 말은 별로 새롭게 들리지 않을지도 모릅니다. 성경에 기록된 하나님에 대한 일반적인 설명입니다. 그러나 고대 이스라엘 사람들에게는 엄청난 깊이와 중요성을 지닌 칭호였습니다. 이 칭호에는 주변 다

신교 국가에서 숭배하는 이교 신들과는 완전히 다른 참 하나님의 특징적인 특징이 들어 있었습니다. 여호와 하나님은 아브라함, 이삭, 이스라엘의 하나님이시며, 하늘과 땅, 바다, 그리고 그 안에 있는 모든 것을 만드신 분이신 유일하신 창조주 하나님이셨습니다. 아름다운 하늘, 상록수, 절묘한 꽃, 솟아오른 산, 광대한 우주는 모두 그분이 창조하셨습니다. 하나님의 창조 목록에는 당신도 포함되어 있습니다. "내가 너를 모태에 짓기 전에 너를 알았고 네가 배에서 나오기 전에 너를 성별하였고 너를 여러 나라의 선지자로 세웠노라 하시기로"(렘 1:5).

하나님은 예레미야가 잉태된 순간부터 알고 계셨습니다. 다윗은 하나님께서 그를 어떻게 아셨는지에 대해 다음과 같이 말했습니다. "내 형질이 이루어지기 전에 주의 눈이 보셨으며 나를 위하여 정한 날이 하루도 되기 전에 주의 책에 다 기록이 되었나이다"(시 139:16). 다시 말해, 하나님은 우리가 어머니의 배 속에서 형태를 갖추기 시작하기도 전에 우리에 대해 알고 계십니다.

2. 어리고 부족한 사람도 하나님은 부르신다.

선지자로 부름을 받았을 때 예레미야는 변명했습니다. "내가 이르되 슬프도소이다 주 여호와여 보소서 나는 아이라 말할 줄을 알지 못하나이다 하니"(렘 1:6). "여호와께서 내게 이르시되 너는 아이라 말하지 말고 내가 너를 누구에게 보내든지 너는 가며 내가 네게 무엇을 명령하든지 너는 말할지니라"(렘 1:7). 하나님이 예레미야를 부르신 목적은 분명했습니다. 예레미야는 곧장 유다 백성들에게 예언해야 했지만 즉시 거절했습니다. 자신이 어리다고 사양한 것입니다. 예레미야는 책임을 회피하려고 했습니다. 예레미야의 거절에 대한 하나님의 응답은 간결하고 결정적이었습니다. "너는 그들 때문에 두려워하지 말라 내가 너와 함께하여 너를 구원하리라 나 여호와의 말이니라 하시고"(렘 1:8). 성경은 어린 시절부터 하나님께 쓰임 받은 사례로 가득 차 있습니다. 하나님께서는 다윗이 청년이었을 때 그를 사용하셨습니다. 하나님께서는 8세의 나이로 유다의 왕위에 오른 요시야를 사용하여 여러 가지를 개혁하고 나라를 영적 부흥으로 이끄셨습니다.

3. 하나님께서는 부르신 이를 책임지고 보호하신다.

하나님께서는 예레미야에게 "여호와께서 그의 손을 내밀어 내 입에 대시며 여호와께서 내게 이르시되 보라 내가 내 말을 네 입에 두었노라"(렘 1:9)라고 격려하셨습니다. 예레미야와 같은 예민한 청년에게 하시는 말씀을 들어보십시오. "보라 내가 오늘 너를 그 온 땅과 유다 왕들과 그 지도자들과 그 제사장들과 그 땅 백성 앞에 견고한 성읍, 쇠 기둥, 놋 성벽이 되게 하였은즉, 그들이 너를 치나 너를 이기지 못하리니 이는 내가 너와 함께하여 너를 구원할 것임이니라 여호와의 말이니라"(렘 1:18-19). 그가 결코 박해를 겪지 않으리라는 것은 아니었습니다. 예레미야의 예언자 경력을 보면, 파란만장합니다. 그는 투옥, 굶주림, 외로움으로 고통을 심하게 받았습니다. 하지만 하나님은 예레미야에게 결국 그를 구해 주실 것이라고 확신시켜 주셨습니다(19절).

우리는 예레미야가 그랬던 것과 같은 방식으로 예언하도록 부름을 받지는 않았을 것입니다. 하지만 우리는 우리의 믿음 때문에 때로 손해를 보고, 피곤해 질 수 있습니다. 매일 그리스도인으로 사는 것은 우리를 인기 없게 만들기도 합니다. 그런데도 세상이 더 부패해짐에 따라, 행동하는 참된 그리스도인이 중요한 인물로 드러날 수 있습니다. 하나님의 부르심을 붙잡기를 바랍니다.

▶ 학습 문제

(1) 하나님은 예레미야를 왜 부르셨나요? (렘 1:5)

　　답: 여러 나라의 선지자로 세우시려고

(2) 하나님이 예레미야에게 주신 것은 무엇입니까? (렘 1:9)

　　답: 내가 내 말을 네 입에 두었도다.

🌱 기도

하나님, 10월에 우리는 인생의 본질과 부르심에 대해 말씀을 나누려 합니다. 분명한 소명 의식을 갖고 살기를 바랍니다.

🌱 중보기도

(1) 믿음이 적어 자주 흔들리는 연약한 성도를 위해

(2) 10월에 좋은 일을 계획하고 시작하는 성도를 위해

▶ 만남의 준비

사사기 6장 11-18절을 읽고 기드온이 부름을 받은 당시를 상상해 본다.

41. 기드온을 부르심

성경 : 사사기 6:11-18 (외울 말씀 16절)
찬송 : 31장(46), 215장(354)
주제 : 하나님은 어려운 시기에 사명자를 부르셔서 사명을 감당
하게 하신다. 기드온 같은 평범한 사람을 부르신 것은 놀라운 교
훈이 된다.

　미국의 풋볼 선수 중에 팻 틸먼이란 유명한 청년이 있었습니다. 그는 애리조나 카디널스팀에 들어갔고, 2000년에 무려 155개의 태클 기록으로 유명해졌습니다. 슈퍼볼 챔피언인 세인트루이스 램스는 900만 달러의 돈을 주고 계약하자고 했습니다. 하지만 911테러 이후 더 큰 목적이 그를 사로잡았습니다. 2002년 5월 25세의 나이에 그는 NFL을 그만두고 연봉 18,000달러에 육군에 들어가기로 계약했습니다. 2년 후 틸먼은 아프가니탄에서 전쟁 중에 사망했습니다. 그는 세상의 흐름에 맞서 헤엄친 용사였습니다. 기드온이란 평범한 남자를 부르셔서 이스라엘을 구원하신 이야기를 오늘 읽었습니다. 그 역시 흐름을 깨고 등장한 인물입니다.

1. 하나님은 어려울 때 사명자를 부르신다.
　사사기 6장 1절은 "이스라엘 자손이 여호와의 목전에 악을 행하였으므로 여호와께서 칠 년 동안 그들을 미디안의 손에 넘겨주시니"라고

합니다. 이스라엘 사람들이 여호와 보시기에 악한 일을 행했다고 말합니다. 그래서 7년 동안 어려움을 겪게 됩니다. 미디안 사람들은 당시에 매우 강했고 이스라엘 사람들을 무자비하게 압제했습니다. 매년 수확기 무렵에 유목민인 미디안 사람들이 이스라엘을 침략했습니다. 그리고 5절은 그들이 메뚜기 떼같이 많이 들어와 땅을 황폐화했다고 말합니다. 가지고 갈 수 없는 것은 파괴했습니다. 성경은 이스라엘 사람 중 많은 사람이 집을 떠나 동굴과 요새에서 살면서 두려워했다고 적고 있습니다. 이런 어려운 때에 이스라엘 백성들이 할 수 있는 일은 여호와께 부르짖는 것 뿐입니다6절). 바로 이런 어려운 순간에 기드온을 택하시고 부르셔서 이스라엘의 구원자로 삼으신 것입니다.

2. 하나님은 뜻밖의 사람을 부르신다.

하나님의 계획에는 기드온이라는 엉뚱한 사람도 포함되었습니다. 우리는 11절에서 기드온을 처음 만날 수 있습니다. 그는 미디안 사람들에게 밀을 뺏기지 않으려고 몰래 포도주 틀에서 밀을 타작하고 있습니다. 보통은 바람이 겨를 날려버릴 수 있도록 야외에서 밀을 타작하고 싶을 것입니다. 하지만 기드온은 이전에 강탈당한 적이 있는 듯 보입니다. 그래서 깊숙한 포도주 즙틀에서 타작하며 미디안 사람들에게 들키지 않으려고 한 것입니다. 이때 기드온의 모습을 상상해 보십시오. 그는 좌절, 낙담, 두려움으로 가득 찬 안타까운 모습을 하고 있습니다. 그런데도 하나님의 사자는 기드온에게 나타나 부릅니다. "큰 용사여 여호와께서 너와 함께 계시도라"(12절). 마치 기드온을 놀리는 듯한 호칭입니다. 농사꾼이며, 겁에 질려 포도주 즙틀에서 타작하는 촌사람에게 큰 용사라고 부르시는 것입니다. 세상은 인재를 골라 뽑습니다. 그렇지만 하나님은 다르십니다. "저희가 베드로와 요한이 기탄없이 말함을 보고 그 본래 학문 없는 범인으로 알았다가 이상히 여기며 또 그 전에 예수와 함께 있던 줄도 알고"(행 4:13). 하나님이 사람을 부르시는 조건은 강한 자가 아니라 약한 자입니다. 약하다고 거절했던 모세도, 두렵다고 물러섰던 여호수아도, 십자가를 보고 도망갔던 제자들도 위대한 사도로 사용하시는 하나님이십니다.

3. 하나님은 사명을 맡기시려고 사람을 부르신다.

하나님께서는 연약하고 겁이 많았던 기드온을 부르셔서 사명을 주셨습니다. "여호와께서 그를 향하여 이르시되 너는 가서 이 너의 힘으로 이스라엘을 미디안의 손에서 구원하라 내가 너를 보낸 것이 아니냐 하시니라"(삿 6:14). "너희 힘으로 이스라엘을 미디안의 손에서 구원하라"라고 말씀하신 것은 기드온 자신의 힘을 가리키는 것이 아닙니다. "내가 너를 보낸 것이 아니냐"라고 하셨습니다. 기드온은 하나님의 명령이 없이는 이스라엘을 미디안의 손에서 구원할 수도 없는 사람이었습니다. 하나님께서 명령하셨는데도 주저하던 기드온이었습니다. 그런 기드온이 자신의 힘만으로 이스라엘 백성들을 미디안의 손에서 구원한다는 것은 불가능한 일이었습니다. 하지만, 하나님께서 보내시기에 가능하게 되었습니다.

기드온을 보내시는 하나님께서는 기드온을 혼자 보내지 않으시고 기드온과 반드시 함께하시겠다고 약속하셨습니다. "여호와께서 그에게 이르시되 내가 반드시 너와 함께 하리니 네가 미디안 사람 치기를 한 사람을 치듯 하리라 하시니라"(삿 6:16). 오늘 하나님이 내게 주신 사명을 찾아보십시오, 주께서 함께하시는 줄 알고 넉넉히 이기시기를 바랍니다.

▶ 학습 문제

(1) 하나님이 기드온을 부르실 때 호칭은 무엇이었습니까? (삿 6:12)

   답: 큰 용사여

(2) 하나님의 부르심에 기드온의 대답은 무엇입니까? (삿 6:15)

   답: 오 주여 내가 무엇으로 이스라엘을 구원하리이까.

❀ 기도

하나님, 기드온같이 약한 자를 불러 사명자로 쓰시는 주의 능력이 놀랍습니다.
할 수 있으면 기드온처럼 저를 불러 써 주시길 소원합니다.

❀ 중보기도

(1) 불안하고 두려워하는 성도를 위해

(2) 약한 나로 강하게 하시는 하나님을 의지하는 주의 백성들 많아지도록

▶ 만남의 준비

이사야 6장 1-8절을 읽고 이사야가 어떻게 부름을 받았는지 참고한다.

42. 부름 받은 이사야

> 성경 : 이사야 6:1-8 (외울 말씀 7절)
> 찬송 : 493장(545), 323장(355)
> 주제 : 하나님께 부름을 받고 쓰임 받기 전에 준비되어야 한다.
> 이사야는 성전에 나갔을 때 하나님을 만났고, 회개했고, 자원했다.

웃시야 왕 시대에 유다는 경제적으로 부강하였고 정치적으로는 강한 힘을 가지고 있었습니다. 그러나 그 시대의 마지막에 하나님께서 이사야를 부르셨습니다. 그것은 사실 겉으로는 부강했으나 속은 곪아가고 있던 유다의 영적 상태에 대한 하나님의 진단이 있었고, 유다가 회개하고 돌아오기를 바라셨기 때문입니다. 우리는 경제성장, K 문화와 한국 상품들과 한류가 전 세계에 퍼져나가는 것을 자랑스러워합니다. 그러나 외적으로 보이는 경제, 정치, 문화적 힘이 중요한 것이 아니라 우리나라의 영적 상황이 하나님 보시기에 어떤 시대인지 분별하는 눈이 필요합니다. 하나님은 필요한 때에, 필요한 사람을 부르셔서 사명을 맡기십니다. 왜 이사야를 부르셨나요?

1. 만군의 여호와여(3절)

하나님이 이사야를 부르신 것은 그가 하나님의 거룩함을 발견하고 엎드렸기 때문입니다. 세상이 전례 없는 기상이변이나 전염병 같은 혼란한 사건을 겪고 있을지 몰라도, 하나님을 놀라게 하는 것은 아무

것도 없습니다. 유다가 직면한 정치적 혼란 속에서도 하나님은 그의 보좌에 앉아 계십니다. 이사야는 이렇게 기록했습니다. "웃시야 왕이 죽던 해에 내가 보니 주께서 높고 드높은 보좌에 앉으셨고 그의 옷자락이 성전을 가득 채웠습니다. 그 위에는 스랍들이 있었는데, 그들은 서로 부르며 '거룩하다, 거룩하다, 거룩하다 만군의 여호와여, 온 땅이 그의 영광으로 가득하구나.' 하고 외쳤습니다"(사 6:1-3). 인간들이 경험하는 어떤 사건이나 역사에도 불구하고 하나님은 그의 보좌에 앉아 계십니다. 우주는 우리를 중심으로 돌지 않고, 하나님 때문에, 오직 하나님을 위해 존재합니다. 위기 속에서도 하나님이 그의 보좌에 앉아 계심을 인정하면 우리는 걱정에서 자유로워지고 경배할 수 있습니다.

2. 화로다 나여 망하게 되었도다(5절).

하나님이 이사야를 부르신 것은 깨닫고 회개하기 때문입니다. "나에게 화가 있구나! 나는 망했다! 나는 입술이 더러운 사람이요, 입술이 더러운 백성 가운데 살고, 내 눈은 만군의 여호와이신 왕을 뵈었노라"(사 6:5) 위기를 만날 때, 위기는 하나님의 형벌이라고 주장하는 것은 오만한 생각이지만, 사랑의 하나님께서 결코 우리를 처벌하지 않으실 것이라고 말하는 것도 똑같이 미련한 생각입니다. 위기의 때에는 뉘우치고 회개하는 자세로 대응하는 것이 가장 적절한 일입니다.

세상을 향해 회개를 외치는 것은 중요합니다. 그러나 회개에 대한 부름은 항상 먼저 하나님의 백성에게, 그다음에 세상에 전달된다는 것을 기억해야 합니다. 솔로몬이 성전에 대한 하나님의 축복을 구했을 때, 하나님은 솔로몬에게 주신 조건은 "내 이름으로 불리는 내 백성이 스스로를 낮추고 기도하며 내 얼굴을 찾고 그들의 악한 길에서 돌이키면, 내가 하늘에서 듣고 그들의 죄를 용서하고 그들의 땅을 고칠 것이다" (대하 7:14)입니다. 회개가 가장 먼저 시작되어야 할 곳은 바로 교회입니다. 땅의 치유는 하나님의 백성이 스스로를 낮추고, 기도하고, 사악한 길에서 돌이키려는 의지에 달려 있습니다. 어리석게도 우리는 잃어버린 사람들을 얻는 것보다 교회 활동과 교파의 규칙을 더 중요하게 여길 때가 많습니다. 더 나쁜 것은, 세상에 하나님의 임박한 심판을 경고하기를 거부했던 죄입니다.

3. 나를 보내주소서(8절).

하나님이 이사야를 부르신 것은 그가 자원하여 앞장섰기 때문입니다. "내가 여기 있습니다. 나를 보내소서!"라고 자원하며 외쳐야 합니다. 하나님께서 이스라엘을 벌하신 이유 중 일부는 그들이 사회에서 가장 취약한 사람들을 섬기고 보호해야 할 의무를 소홀히 했기 때문입니다. "가난한 자의 권리를 빼앗고 내 백성의 압제 받는 자에게 공의를 베풀지 아니하며 과부를 노략질하고 고아의 것을 강탈하는 자들에게 화가 있을 것이다"(사 10:1-2).

지금은 하나님의 사람들이 사회에서 가장 필요한 것이 무엇인지 인식하고 앞으로 나갈 때입니다. 오늘날 우리가 이웃에게 어떻게 반응하느냐에 따라 위기 이후에 이웃들이 우리에게 어떻게 반응할지가 결정될 것입니다. 그러나 우리는 세상에 회개를 전파하는 것이 우리의 첫 번째 소명임을 절대로 잊지 말아야 합니다. 심판의 날이 다가오고 있기 때문입니다. 그러므로 하나님의 사역을 위해 여러분이 자원하고, 그 사명의 자리에 여러분을 보내 달라고 기도하십시오. 이사야의 기도가 오늘 우리의 기도가 되기를 바랍니다. "주님, 제가 여기 있습니다. 저를 보내 주십시오(사 6:8)!"

▶ 학습 문제

(1) 이사야가 부르심을 받았을 때는 언제입니까? (1절)

답: 웃시야 왕이 죽던 해에

(2) 이사야가 망하게 되었다고 외치는 이유는 무엇입니까? (5절)

답: 입술이 부정하면서 거룩하신 하나님을 만났기 때문에

☙ 기도

이사야처럼 모든 이들이 하나님 만남을 경험하길 원합니다. 특히 주의 일꾼들이 하나님을 만나고 회개하고, 사명을 감당할 수 있기를 바랍니다.

☙ 중보기도

(1) 하나님을 만나지 못한 OOO를 위해

(2) 하나님이 주신 사명을 끝까지 감당할 믿음과 능력을 주십시오.

▶ 만남의 준비

에스더 4장 13-17절을 읽고 사전에 에스더의 결단에 대해 알아본다.

43. 부름 받은 에스더

성경 : 에스더 4:13-17 (외울 말씀 14절)
찬송 : 331장(375), 342장(395)
주제: 우리 각자는 자신의 위치에서 하나님의 일을 하도록 부름을 받았다. 부름을 받은 자의 자세는 무엇일까? 에스더의 모범을 통해 배운다.

하나님은 에스더를 선택해서 그녀의 백성인 유대인들을 사악한 대량 학살 음모에서 구출하셨습니다. 이 임무는 강력한 왕과 호의적인 관계를 맺은 왕비에게만 적합한 임무였습니다. "이 때에 네가 잠잠히 있으면 유다인들에게 구원과 구원이 다른 곳에서 일어날 것이나 너와 네 조상의 가문은 멸망할 것이다. 네가 왕비의 지위에 오른 것은 이런 때를 위함이 아니겠느냐?" (에 4:14). 이 유명한 구절은 에스더의 삼촌 모르드개가 그녀에게 전해준 것입니다.

매년 3월경, 유대인들은 자신들이 사용하는 달력으로 부림절이란 절기를 지킵니다. 이 유대인 축제는 에스더 왕비의 용감함과 순종으로 유대인들이 구원받은 것을 기념하는 시간입니다! 부림절은 제비의 축제라고도 불리는데, 사악한 하만이 유대인 종족 전체를 몰살시킬 날을 정하기 위해 제비를 뽑았기 때문입니다. 에스더의 용감한 순종으로 그의 계획은 실패했습니다. 에스더처럼 하나님께서는 우리를 하나님의 때를 위해 준비시키고 계십니다.

1. 하나님의 부르심을 받는 에스더

에스더는 왕비의 지위에서 순식간에 몰락할 수 있었습니다. 그녀는 유대인이었기 때문에 궁전에 데려와서는 안 되었습니다. 그러나 하나님께서 우리를 부르실 때, 하나님은 우리가 자격을 갖추게 하십니다. 하나님은 문자 그대로 길이 없는 곳에 길을 만드십니다. 에스더는 삼촌 모르드개를 통해 결단을 촉구받았을 때 그것을 삼촌에게가 아니라 하나님의 부르심으로 받았습니다.

이 계절에 하나님께서 당신을 부르시는 목적은 무엇입니까? 당신의 마음에 꿈, 기술, 사명을 두셨지만, 당신은 두려움 때문에 그것을 미루고 있습니까? 만약 당신이 엄청난 장애물이나 도전에 직면해 있다면…. 그것은 하나님께서 당신을 기적을 위해 세우는 데 사용하고자 하는 바로 그것일 수 있습니다.

2. 용감하게 순종한 에스더

에스더는 어려운 선택을 해야 했습니다. 그녀는 자신에게 미치는 영향에 대해서만 생각할 수 없었습니다. 그녀는 자신의 행동이 전체 유대인에게 어떤 영향을 미칠지 생각해야 했습니다. 그녀는 하나님께 순종하기로 선택했고, 그러기 위해서는 용기가 필요했습니다. 에스더처럼 하나님은 종종 우리에게 어렵고 거룩한 일을 하라고 요구하실 것입니다. 이것은 우리의 성장 과정 일부입니다. 그것은 예수 그리스도와 그의 목적에 우리 자신을 헌신하는 일의 일부입니다. 하나님의 부르심에 예라고 대답하는 것은 오직 나 때문만은 아닙니다. 그것은 하나님이 당신의 삶을 통해 만지기를 원하는 사람들에 대한 것입니다. 당신은 영광스러운 부르심을 받았습니다. 그렇다면 에스더처럼 용감하게 순종하십시오.

3. 목소리를 내는 에스더

모르드개가 에스더에게 한 도전은 "이때에 네가 만일 잠잠하여 말이 없으면"이라는 말로 시작되었습니다. 에스더에게는 선택권이 있었습니다. 에스더가 선택한 것은 삶이 아니라 죽음이었습니다. "금식한 후에 규례를 어기고 왕에게 나아가리니 죽으면 죽으리이다 하니라"(에 4:16). 당신은 두려움 때문에 목소리를 내지 못한 적이 있나요? 우리가 사는 이 시대에는 목소리를 내기 위해 점점 더 담대함이 필요할 것입니다. 하지만 바로 그것이 하나님께서 우리에게 부르시는 이유입니다. 하나님의 부르심에 "예"라고 말하는 것은 단순하지만, 그런 다음에 우리는 행동을 취해야 합니다. "이와 같이 믿음도 행함이 없으면 그 자체로는 죽은 것이니라"(약 2:17).

4. 자신의 역할에 최선을 다하는 에스더

에스더는 자신이 해야 할 일을 알았습니다. 에스더 4장 16절에서 그녀가 삼촌에게 한 대답은 다음과 같습니다. "가서 수산에 있는 모든 유대인을 모아서 나를 위해 금식하고 밤낮으로 사흘 동안 먹지도 마시지도 마십시오. 나도 내 하녀들과 함께 당신처럼 금식하겠습니다. 그러면 나는 왕에게 갈 것입니다. 비록 그것이 법에 어긋나더라도 말입니다. 내가 죽으면 죽겠습니다." 내가 죽으면 죽겠습니다. 이것이 전부였습니다. 에스더는 자신이 무엇을 할지 결심했습니다. 그녀는 왕에게 불법적인 요청을 해야 했습니다. 여기서 우리는 하나님께서 우리에게 당시의 문화에 맞서라고 요구하실 수 있다는 것을 깨달아야 합니다. 두려움을 무릅쓰고 왕 앞에 나아가 유대 민족을 구해 달라고 요청해야 합니다. 에스더는 사람을 두려워하지 않고 자기의 역할에 최선을 다합니다. 부름을 받은 우리도 마찬가지입니다.

▶ 학습 문제

(1) 모르드개가 에스더에게 요청한 것은 무엇입니까? (14절)

　　답: 잠잠하지 말고 왕에게 하만의 흉계를 알려라.

(2) 에스더의 대답은 무엇입니까? (16절)

　　답: 금식한 후에 규례를 어기고 왕에게 나아가리니 죽으면 죽으리이다.

❉ 기도

용감한 에스더를 본받아, 내게 주신 사명을 굳게 잡아 감당하길 바랍니다. 힘과 능력과 지혜를 주시기 원합니다.

❉ 중보기도

(1) 사명을 받았으나 머뭇거리는 연약한 믿음의 성도를 위해

(2) 어려움을 당해서 억울하고 속상하고 괴로워하는 성도를 위해

▶ 만남의 준비

마태복음 9장 9-13절을 읽고 하나님이 마태를 어떻게 선택했는지 찾아본다.

44. 부름 받은 마태

성경 : 마태복음 9:9-13 (외울 말씀 12절)
찬송 : 37장(37), 338장(364)
주제 : 예수님의 제자 마태가 세리로 세관에 앉아 있다 예수님의
부르심을 받는다. 부름을 받는 마태를 보면서, 우리가 결단할 때
어떤 마음을 가져야 할지를 배운다.

　마태는 세관에 앉아서 세금을 거두는 세리였습니다. 유대 사회에서
세리는 "죄인"으로 낙인찍혀 미움과 천대를 받는 사람들이었습니다.
이들은 가난한 동족들로부터 세금을 걷어서, 그중 일부는 그 땅을 지
배하고 있는 로마인들에게 상납하고, 나머지는 자신이 차지했습니다.
누가복음 3장에 보면, 세리들이 세례를 받기 위해 요한에게 나아와 묻
습니다. "선생이여 우리가 무엇을 하리이까?" 이에 요한은 "정한 세 외
에는 거두지 말라"고 합니다. 이것은 아마도 그 당시의 세리들은 법에
정한 세금 외에, 불법하게 돈을 거두었던 것 같습니다. 유대인들은 민
족성이 강하고 도덕성이 높은 사람들이었습니다. 그런데 세리들은 돈
을 위해 동족들을 배신하고 이방인들의 앞잡이가 되었습니다. 가난한
자들을 괴롭히고 불법을 일삼았습니다. 사람들은 이런 세리들을 경멸
했습니다. 마태도 그런 사람 중 하나였습니다. 그런데도 부름을 받았
습니다.

1. 마태는 순종적이었다.

마태는 우리 모두와 마찬가지로 주님으로부터 '부름'을 받았습니다. 주님은 우리를 선택하셨습니다. 하지만 마태는 자기 생활에 만족하고 있었기에 자원해서 그리스도를 선택할 필요가 없었습니다. 그런데도 마태는 주님이 부르셨을 때 순종해야 한다는 것을 보여주었습니다. 주님께서 우리 중 누구를 부르실 때 우리는 구원뿐만 아니라 맡겨주신 사명에서도 순종해야 합니다. 주님은 당신을 일, 가정, 교회, 해외 선교 현장으로 부르실 수 있습니다. 당신에게 소유를 팔고 주를 섬기라고 하시거나, 교회학교에서 가르치거나, 전도나 기도 사역을 시작하라고 부르실 수 있습니다. 성경을 보십시오. 빌립은 사마리아에서 성공적으로 선교했으나 광야로 나가라고 명하셨을 때 성령님의 음성에 순종했습니다(행 8:26). 바울도 아시아에서 복음을 전하려 했으나 유럽으로 건너가라는 성령의 음성에 순종했습니다(행 16:10). "예수께서 그곳을 떠나 지나가시다가 마태라 하는 사람이 세관에 앉아 있는 것을 보시고 이르시되 나를 따르라 하시니 일어나 따르니라"(마 9:9).

2. 마태는 용기가 있었다.

마태는 어떻게 그가 하던 일을 멈추고 예수님을 따를 수 있었을까요? 마태는 세리였으므로 아마 부유했을 것입니다. 그는 또한 똑똑했고, 왜 따라가지 말아야 하는지 쉽게 추론할 수 있었을 것입니다. 그는 모든 것을 포기할 용의가 있었습니다. 겉으로는 행복해 보이지만 그의 삶에는 무언가가 빠져 있었을지 모릅니다. 예수께서는 그에게 그가 원하는 답을 주실 것입니다. 새로운 삶입니다. 평화, 방향, 목적이 가득한 삶입니다. 당신도 그런 삶을 원하지 않습니까? "나의 간절한 기대와 소망을 따라 아무 일에든지 부끄러워하지 아니하고 지금도 전과 같이 온전히 담대하여 살든지 죽든지 내 몸에서 그리스도가 존귀하게 되게 하려 하나니"(빌 1:20).

3. 마태는 자신의 믿는 바를 행동으로 보여주었다.

마태는 부름을 받자 예수님과 제자들을 자기 집으로 초청했습니다. 그리고 자기와 같은 죄인 취급을 받는 세리 친구들을 초대해 주님의 말씀을 듣게 했습니다. 이러한 마태의 행동은 우리에게 그리스도인의 환대에 대해 가르쳐 줍니다. 우리의 집은 우리가 즐기기 위한 것이 아니라, 이웃과 함께 공유해야 하는 곳입니다. 기독교적 환대는 우리가 가진 것과는 아무런 상관이 없고 그리스도 안에서 우리가 누구인지와 관련이 있습니다. 마태는 구원받은 사람들뿐만 아니라 잃어버린 사람들, 심지어 적들에게도 내 집을 여는 것이 중요하다는 것을 가르쳐 주었습니다. "예수께서 마태의 집에서 앉아 음식을 잡수실 때에 많은 세리와 죄인들이 와서 예수와 그의 제자들과 함께 앉았더니"(마 9:10).

4. 마태는 그리스도를 따르는 것이 어떤 것인지 보여주었다.

마태는 이제 제자가 되었습니다. 그는 기꺼이 그리스도를 따르는 사람으로 알려지기를 원했습니다. 그가 집을 열었을 때, 그는 그리스도에 대한 충성을 선언한 것입니다. 그는 그것이 무엇을 의미하는지에 대한 위험을 감수했습니다. 바리새인들은 왜 선생이 세리와 죄인들과 함께 식사하는지에 관해 질문했습니다. 이제는 마태가 중립을 지킬 수 없는 지점이었습니다. 그의 답은 '예' 아니면 '아니오'라고 해야 했습니다. 이때 마태는 예라고 답하며 여전히 주님의 제자가 되어 신약의 첫 책인 마태복음을 기록하는 저자가 되었습니다.

▶ 학습 문제

(1) 마태는 주님이 부르실 때 어디에 있었습니까? (9절)

　답: 세관

(2) 마태는 자기 집에 예수님을 초대할 때 누구를 불러 잔치했습니까? (10절)

　답: 많은 세리들과 죄인들

⚘ 기도

하나님의 역사는 놀랍습니다. 마태와 같은 죄인을 불러 제자 삼으시고 크게 사용하시는 주님을 찬양합니다. 우리도 그렇게 쓰임 받기를 바랍니다.

⚘ 중보기도

(1) 지금도 부름을 거절하고 세상 길에 빠진 영혼을 위해

(2) 우리 교회가 주님처럼 전도하는 사역을 잘 감당하도록

▶ 만남의 준비

마태복음 26장 26-30절을 읽고 나의 감사 제목을 찾아보자.

PART 06

김창근 목사 편

45. 감사에 따르는 축복

성경 : 마태복음 26:26-30 (외울 말씀 26절)
찬송 : 143장(141), 486장(474)
주제 : 오늘날 많은 사람이 감사를 잃어버리고 산다. 감사의 시작
은 깨달음과 겸손한 마음이며, 감사의 깊이는 헌신과 믿음에 비례
한다. 신앙의 성숙과 완성은 얼마나 감사하는 삶을 사느냐에 달려
있다.

퓨리서치 센터에서 17개 선진국 성인 대상으로 "무엇이 삶을 의미있
게 하는가?" 조사했습니다. 대부분 나라는 가족을 꼽았으나 한국만 돈
이라고 했습니다. 그러나 물질적 풍요에 대한 욕망은 결국 채워질 수
없고, 오히려 주어진 것에 대한 감사를 잃어버리고 불행해집니다. 모
든 것을 주시는 하나님께 감사할 때 행복한 삶이 가능합니다. 그러면
감사의 조건은 무엇입니까?

1. 하나님 아버지를 바라볼 때 감사할 수 있습니다.

예수님은 최후 만찬의 자리에서 떡과 잔을 가지사 축복하셨습니다.
축복의 원어적 의미는 감사입니다. 예수님은 십자가의 고난을 앞에
두시고도 하나님을 바라보시며 오직 하나님의 뜻과 일을 생각하셨기
에 감사하셨습니다. 요한복음에 나오는 대제사장의 기도에서도 예수
님은 아버지의 일을 이루어 아버지를 이 세상에서 영화롭게 하였다고

기도하십니다.

예수님의 감사는 하나님의 아들이 항상 하나님만을 바라보며 신뢰하는 믿음의 결과입니다. 사도 바울은 복음을 위해 많은 고난을 받고 투옥당했습니다. 그러나 옥중에서 그는 하나님께 불평하고 믿음을 버리기보다 그에게 힘을 주시는 예수 그리스도를 통해 배운 대로 감사하고 자족했습니다. 감사하는 사람은 모든 일에 대해 하나님의 주권을 인정하며 하나님을 찬양합니다.

2. 하나님의 축복을 믿을 때 감사할 수 있습니다.

예수님은 오병이어의 기적을 행하실 때도 하늘을 우러러 축복하셨습니다. 성경에서 많은 경우 '감사'와 '축복'이 같은 의미로 사용됩니다. 한 어린이의 오병이어는 2만 명의 무리에 비하면 심히 적었습니다. 그러나 예수님은 작은 음식도 큰 축복으로 믿고 감사하며 기도하셨습니다. 이 감사의 기도를 통해 굶주린 오천 명의 사람들이 만나를 먹게 되는 기적이 일어났습니다.

모든 일에 대한 '감사'는 풍성한 축복을 가져옵니다. 감사와 믿음의 기도는 하늘을 움직이는 능력입니다. 우리는 적은 일과 일상 속에서도 감사하여 살아야 합니다. 필립 얀시의 기도문입니다. "내가 인생의 지극히 작은 것들까지도 모두 '선물'이라는 것을 기억하도록, 그리고 그 선물을 제대로 사용하는 방법이 '감사'라는 것을 기억하도록 나를 도와주십시오."

3. 하나님께 믿음으로 감사하는 자에게 구원이 임합니다.

예수님은 예루살렘에서 나병환자 열 명의 간청을 들으시고 제사장에게 너희 몸을 보이라고 하셨습니다. 이들은 이 말씀을 믿고 돌아가다 고침을 받았습니다. 그러나 오직 한 사람만 돌아와 엎드려 감사하였을 때 예수님은 그에게 "일어나 가라 네 믿음이 너를 구원하였느니라"(눅 17:19)고 말씀하셨습니다. 그는 육체적인 질병의 치유만이 아니라 영혼의 구원까지 받았습니다.

같은 고통을 당해도 감사하면 소망과 회복 탄력성을 소유하게 됩니다. 세계에서 가장 영향력 있는 지도자로 인정받는 오프라 윈프리는 사생아로 태어나 외할머니에 의해 키워졌고 불우한 과거를 가지고 있습니다. 그러나 그녀는 매일 다섯 가지 감사를 찾아 일기로 쓰면서 삶이 변화되었습니다. 신앙인은 어떤 환경 속에서도 감사하고 감사를 표현하는 연습을 해야 합니다.

▶ **학습 문제**

(1) **감사하지 않는 자가 불행하고 그 자체가 형벌인 이유는 무엇입니까?**

답: 교만하고 깨달음이 없는 자는 더 이상의 축복을 누릴 수 없습니다.

(2) **십자가를 앞에 두시고 예수님이 감사하셨던 이유는 무엇입니까?**

답: 예수님은 신실하신 하나님 아버지를 믿고 순종하셨기 때문입니다.

✳ **기도**

우리를 구원하시려고 독생자를 보내 주신 하나님. 우리는 자주 감사하기보다 불평하고 원망하며 삽니다. 그러나 예수님을 믿고 구원받은 은혜를 감사하게 하옵소서. 날마다 주님 안에서 살며 주님의 뜻을 신뢰하며 감사하게 하소서. 예수님의 이름으로 기도합니다. 아멘.

❧ 중보기도

(1) 성도들이 가정 안에서 항상 하나님께 구체적으로 감사하게 하옵소서.
(2) 한국 교회가 하나님께서 주신 은혜와 축복을 나눌 수 있게 하옵소서.

▶ 만남의 준비

욥기 1장 21-22절을 읽고 모든 상황 속에서도 감사하는 그리스도인의 믿음을 묵상합시다.

46. 감사하는 그리스도인

> 성경 : 욥기 1:21-22 (외울 말씀 21절)
> 찬송 : 587장(306), 303장(403)
> 주제 : 기독교는 감사의 종교이다. 하나님은 그리스도인에게 어떤 환경이나 상황 속에서도 감사하라고 명령하신다. 감사하는 마음으로 사는 것이 신앙인의 삶의 열쇠와 방식이다.

　그리스도인을 향한 하나님의 뜻은 범사에 감사하는 것입니다. 감사하는 사람이 신앙인이며 행복합니다. 그러나 많은 사람이 항상 감사하는 것은 불가능하다고 생각합니다. 하지만 하나님은 불가능한 일을 명령하시지 않습니다. 이것은 현실을 부정하거나 낙관적인 자세를 말하는 것이 아닙니다. 환경이나 문제에 매몰되지 않고 전능하신 하나님을 바라볼 때 감사하게 됩니다.

1. 항상 감사하는 신앙인

　감사에는 세 가지 차원이 있습니다. 첫째 조건적입니다. 받았기 때문에 감사합니다. 성공과 건강, 직장과 가족을 주셨기 때문에 감사합니다. 둘째 신앙적입니다. 많이 받았고 소유했기에 감사하는 것이 아니라, 받은 것이 없어도 믿음으로 하나님과 자신을 바라보며 겸손히 감사합니다. 셋째 역설적입니다. 가진 모든 것을 빼앗기고 실패하고 고난을 당할 때도 감사합니다.

받은 바를 헤아리며 감사하는 것은 당연하며, 없어도 하나님을 바라보며 감사하는 것은 믿음입니다. 그러나 잃고도 감사하는 것은 하나님을 향한 신뢰와 사랑이 충만한 것입니다. 욥은 동방의 부자요 정직하고 의로운 신앙인이었습니다. 그는 하루 아침에 모든 재물과 자녀를 잃어버렸지만 원망하지 않고 주신 자도 거두신 자도 여호와라고 믿음으로 찬송하며 예배했습니다.

2. 고통 중에도 감사하는 신앙인

그리스도인은 기쁘고 형통할 때만 아니라 슬프거나 실패할 때, 병들거나 실직했을 때, 외롭고 괴로울 때도 감사합니다. 하나님을 신뢰하며 주님을 마음에 모시고 사는 사람은 실망하고 고통스러운 때도 감사할 수 있습니다. 예수 그리스도의 십자가 때문에 슬퍼하던 사람들에게 부활의 승리를 주신 것처럼 사랑의 하나님은 감사하는 사람에게 참된 위로와 소망을 주십니다.

은행의 구조조정으로 퇴직하게 된 한 과장의 글입니다. "긴 여행의 종착역에 내려 홀로서기를 해야 한다는 부담감과 두려움이 있습니다. 그러나 이 엄동설한에 하나님이 옷을 벗기실 때에는 더 좋은 옷을 입혀주시기 위한 계획이 있다는 확고한 믿음이 있습니다. 그러기에 어제 저녁 아내와 두 아들과 함께 무릎을 꿇고 하나님께 뜨거운 감사를 드렸습니다."

3. 신앙인을 성숙하게 하는 감사

신앙인은 고통을 통해서 오히려 삶의 소중함을 배우며 참된 사랑과 인생의 깊이를 경험하게 됩니다. 고통을 당하지 않으면 삶의 의미를 모르고 교만하고 방탕하게 삽니다. 그러나 하나님을 최상의 보화로 여겼던 욥은 고통 속에서 더욱 겸손하여지며 믿음이 깊어집니다. 시편 119편 67절 말씀입니다. "고난 당하기 전에는 내가 그릇 행하였더니 이제는 주의 말씀을 지키나이다."

　고통 속에서도 감사하는 성도는 믿음을 가진 성숙한 신앙인의 모습입니다. 고통을 통과한 욥은 귀로 듣던 주님을 눈으로 보고 친구들을 용서합니다. 하나님은 그에게 갑절의 축복과 회복의 은혜를 주셨습니다. 그리스도인은 형통할 때만이 아니라 고통 중에도 하나님을 경외하며 예배합니다. 항상 감사하며 주님과 동행하는 자가 믿음에 부요한 자요 행복합니다.

▶ 학습 문제

(1) 그리스도인을 향하여 범사에 감사하라는 이유는 무엇입니까?

　답: 전능하신 하나님이 믿는 자에게 위로와 소망을 주시기 때문입니다.

(2) 고통 중에도 감사하는 자에게 주시는 은총은 무엇입니까?

　답: 고통을 통해 믿음과 사랑이 더욱 깊어지고 더 큰 축복을 받게 됩니다.

❊ 기도

하나님 아버지. 우리에게 허락하신 은혜와 축복을 감사드립니다. 주님이 언제나 우리를 사랑과 섭리로 인도하심에 감사합니다. 지금까지 우리와 함께하신 하나님께서 계속 동행하시고 은혜를 주심을 믿고 감사하게 하소서. 예수님의 이름으로 기도합니다. 아멘.

❊ 중보기도

(1) 한국 교회가 물질적 풍요로움 속에서 감사를 잃어버리지 않게 하소서.

(2) 성도들이 어떤 상황 속에서도 하나님을 바라보며 감사하게 하소서.

▶ 만남의 준비

시편 105편 1-4을 읽고 항상 마음의 감동을 잃지 않고 감사하는 삶을 묵상합
시다.

47. 감동과 감사의 능력

성경 : 시편 105:1-4 (외울 말씀 1절)
찬송 : 305장(405), 593장(312)
주제 : 오늘날 세상의 풍요 속에서 사람들의 마음은 피폐해졌다.
풍요 속에서 감사가 없는 것은 하나님을 떠나 마음의 가난을 잃었
기 때문이다. 사람은 하나님 안에서만 행복과 꿈을 누릴 수 있다.

인생에서 어려운 일을 많이 경험합니다. 슬픈 일도 있고 괴로운 일
도 있습니다. 두렵고 걱정스러운 순간도 있습니다. 너무 힘들어서 더
이상 소망이 보이지 않는 순간도 있습니다. 이런 순간을 극복하려면
마음의 문이 닫혀지지 말아야 합니다. 눈앞에 보이는 현실과 문제에
초점을 맞추지 말고 하나님을 바라보며, 더 높고 아름다운 것을 바라
볼 때 삶의 용기가 생깁니다.

1. 어떤 상황에서도 감동하며 감사해야 합니다.

유대인 정신의학자 빅톨 프랭클은 2차 세계대전 시 나치 수용소에
수감되었습니다. 그는 생지옥 같은 수용소를 견디고 살았습니다. 그
비결은 강한 체력과 의지가 아니라 마음의 감동이었습니다. 아침에
눈을 뜨면 살아 있음에 감사하였고, 아픈 동료들을 위로하고 먹을 것
을 나누었습니다. 불평과 원망 대신 마음의 감동을 잃지 않고 동료와
함께함이 생존의 힘이었습니다.

오늘날 많은 사람이 감동을 잃어버렸습니다. 대부분 사람이 물질적 풍요를 누리며 이전보다 더 살기 좋고 편안하지만 어렵고 힘들다고 불평합니다. 그러나 세상이 힘들어진 것이 아니라 마음이 굳어진 것입니다. 그 이유는 모든 것의 근원이시며 삶의 목적과 의미가 되시는 하나님을 잃어버렸기 때문입니다. 사람이 삶의 근원과 의미와 꿈을 잃어버리면 미래가 없습니다.

2. 하나님을 만날 때에만 감동과 감사가 가능합니다.

누구나 인생의 목적을 잃어버리면 불평과 원망이 가득하게 됩니다. 인간의 존재 목적은 오직 창조주 하나님께 있습니다. 그러므로 하나님 없이는 모든 것이 허무해집니다. 인간을 사랑하시고 구원하시는 하나님을 만날 때 우리는 무한한 감동과 감사를 회복합니다. 우리를 위해 독생자를 보내주신 사랑의 하나님을 만날 때 감사와 즐거움이 회복되고 삶의 용기를 가지게 됩니다.

진정한 사랑이 없으면 인생은 어둠과 메마름과 후회뿐입니다. 왜 인간은 그토록 사랑에 목말라합니까? 사람은 사랑의 근원이신 하나님 안에서만 참 만족과 행복이 가능하기 때문입니다. 하나님 없는 인생은 감옥과 같습니다. 사람들이 하나님을 바라보지 못하면 인생은 무미건조하고 불행합니다. 그러나 하나님 안에 있을 때 무한한 감동과 감사로 가득한 삶이 가능합니다.

3. 하나님 안에서 늘 감사할 때 생명이 있습니다.

사람은 사랑이신 하나님을 만날 때 하나님께서 주시는 아름다운 비전과 꿈으로 가득한 인생을 살 수 있습니다. 하나님 안에 있을 때 무한한 감동이 이어지는 사랑과 행복이 있고, 사람들과 감동을 함께 느끼며 하나님의 나라가 세워질 것입니다. 간디는 젊었을 때 예수님의 생애와 가르침에 관심이 많았지만 감동과 믿음이 없어 보이는 교인들을 보고 교회에 등을 돌렸습니다.

그리스도인들이 영적 감동을 잃을 때 교회 생활은 하나의 습관이 되고 생명이 없습니다. 그리스도인들은 항상 교인인 이유가 무엇인지 점검해야 합니다. 하나의 습관이나 이해타산 때문이라면 죽음의 어두운 그늘에 머물러 있는 것입니다. 사랑의 하나님을 만나며 감동하고 감사하는 사람에게만 영적 생명이 있습니다. 진정한 그리스도인은 신령한 감사와 기쁨으로 충만합니다.

▶ 학습 문제

(1) 인생의 힘들고 어려운 순간을 극복하려면 무엇이 필요합니까?

답: 눈앞의 현실과 문제 대신 하나님을 바라보며 감사해야 합니다.

(2) 인생의 참된 의미와 기쁨을 누리기 위해서 필요한 것은 무엇입니까?

답: 참된 사랑이신 하나님을 믿고 찬양하며 감사해야 합니다.

✳ 기도

하나님 아버지. 하나님의 사랑이 없으면 어둠과 절망과 죽음 뿐입니다. 생명과 사랑이신 하나님 안에서 만족하며 사랑하며 살게 하소서. 세상에 빠져 불평하고 원망하는 대신 하나님을 바라보며 날마다 감사로 충만한 삶을 살게 하소서. 예수님의 이름으로 기도합니다. 아멘

✳ 중보기도

(1) 성도들의 마음과 영혼이 메마른 상태에서 참된 감사를 배우게 하소서.

(2) 한국 교회가 하나님 안에서 참된 기쁨과 감사를 회복할 수 있게 하소서.

▶ 만남의 준비

사무엘하 24장 1-10절을 읽고 신앙인의 동기와 감사에 대해 묵상합시다.

48. 그리스도인의 동기와 감사

성경 : 사무엘하 24:1-10 (외울 말씀 10절)
찬송 : 311장(185), 488장(539)
주제 : 많은 교회 활동의 중심이 사람이 되어가고 있다. 즉 돈과 명예와 자기 목표 성취가 동기이다. 그러나 그리스도인은 예수님을 위하여 살며 하나님을 향한 감사가 동기가 되어야 한다.

생명을 돌보는 의사는 고귀하고 신성한 직업입니다. 의사는 인류 봉사와 환자의 생명을 첫째로 생각하며 헌신하겠다고 서약합니다. 그러나 시간이 지나면서 사명은 실종되고 매너리즘에 빠지기 쉽습니다. 이럴 때면 히포크라테스 선서를 묵상하며 의료 행위의 동기를 점검해야 합니다. 순수한 동기를 망각하면 고귀한 일의 보람과 의미와 기쁨을 잃어버리게 됩니다.

1. 하나님은 마음의 동기를 보십니다.

사람의 모든 행위의 배후에는 반드시 동기가 있습니다. 하나님은 사탄이 이스라엘을 통일한 다윗의 마음을 격동하여 인구 조사할 마음을 품도록 허락하셨습니다. 다윗 왕은 인구조사를 강행한 후 하나님의 무서운 심판을 받았습니다. 유대인 7만 명이 온역으로 죽었습니다. 하나님의 준엄한 심판은 다윗이 자기 치적과 권세를 확인하려는 내적 동기에 대한 심판이었습니다.

다윗은 목동이었지만 하나님의 은혜로 이스라엘의 왕이 되었습니다. 하나님께 감사할 것이 너무 많았던 다윗은 이스라엘 회중 앞에서 찬양하며 감사하며 성전 건축을 준비했었습니다. 그러나 다윗은 말년에 하나님께 집중하며 감사하는 대신 자신에게 초점을 맞추었습니다. 하나님은 다윗의 행위보다는 동기를 보셨기 때문에 무서운 심판으로 그의 실수를 돌아보게 하셨습니다.

2. 그리스도인은 모든 행동의 동기를 살펴야 합니다.

사람들의 모든 행동은 동기에 큰 영향을 받습니다. 악한 동기로 나타나는 행위는 결코 선할 수 없습니다. 많은 경우에 있어서 악한 동기로 시작되는 일은 결국 악한 결과를 가져옵니다. 예수님께 매력을 느끼고 따르던 사람이 많았지만, 주님은 대부분의 사람들을 돌려보내셨습니다. 주님을 따르는 동기가 바르지 못할 때 결국은 주님을 떠날 수밖에 없기 때문입니다.

예수님을 만난 모든 사람은 변화되었습니다. 병들고 연약한 자들은 건강해지고, 슬픔과 아픔을 가진 자들은 위로받고 치유되었습니다. 절망과 문제 속에 있던 자들은 소망을 얻고 주님을 감사하며 따랐습니다. 그러나 잘못된 동기로 예수님을 따랐던 가룟 유다는 결국 예수님을 배반했습니다. 오늘날 그리스도인들은 신앙의 동기와 자기 마음을 돌아보아야 합니다.

3. 성도들의 동기가 하나님을 향한 감사이어야 합니다.

인간의 타락은 마음의 동기를 타락시켰습니다. 타락한 인간의 그릇된 동기는 자기를 추구하는 욕망, 권세에 대한 끝없는 욕망, 인정을 받으려는 욕망입니다. 이런 자기중심적인 욕망은 하나님보다 더 높아지려는 사탄의 유혹과 시험입니다. 이런 욕망의 노예는 만족할 수 없고 파멸하게 됩니다. 그리스도인은 오직 예수님께 감사하며 예수님 때문에 일해야 합니다.

한 외국 선교사가 한국 교회를 이렇게 진단했습니다. "한국 교회의 절반은 변화를 원하나 방법을 모르고 절반은 깊이 병들었는데, 교회가 변하려면 제도가 아니라 내용이 변해야 하며 깊은 회개와 부흥이 필요합니다." 한국 교회와 성도들은 종교개혁자들의 모토처럼 오직 하나님의 영광을 위하여 하나님을 향한 감사와 믿음이 삶의 동기가 되도록 거듭나야 합니다.

▶ 학습 문제

(1) 다윗 왕이 인구조사 후 하나님의 심판을 받은 이유는 무엇입니까?

답: 하나님보다 자기에게 집중하는 다윗의 동기를 보셨기 때문입니다.

(2) 마음의 동기를 살피시는 하나님 앞에서 사는 조건은 무엇입니까?

답: 자기를 추구하는 욕망을 버리고 오직 주님만을 위해 살아야 합니다.

✳ 기도

하나님 아버지. 우리를 파멸로 이끄는 그릇된 욕망을 버리게 하소서. 우리를 구원하시려고 보내신 예수님을 믿고 사랑하며 감사하며 따르는 주님의 제자가 되게 하소서. 오직 하나님의 나라와 영광을 구하는 마음을 회복하게 하소서. 예수님의 이름으로 기도합니다. 아멘.

✳ 중보기도

(1) 성도들에게 하나님을 향한 참된 믿음과 감사가 회복되게 하소서.

(2) 한국 교회가 오직 하나님의 영광을 위한 교회로 거듭나게 하소서.

▶ 만남의 준비

느헤미야 1장 1-5절을 읽고 역경 속에서도 미래를 여는 비결을 묵상합시다.

49. 미래를 여는 그리스도인

성경 : 느헤미야 1:1-5 (외울 말씀 4절)

찬송 : 518장(252), 430장(456)

주제 : 미래를 바라보는 것은 태도이다. 삶의 태도를 바꾸면 인생도 바뀐다. 오늘이 풍성해도 소망이 없으면 비참하다. 반면 오늘은 힘들어도 내일에 대한 믿음이 있으면 인내하며 노력한다.

오늘날 많은 사람의 관심은 미래에 있습니다. 버지니아 포스트렐이란 미래학자는 이 시대의 핵심적 화두는 "미래를 어떻게 바라볼 것인가?"라고 하였습니다. 빌 게이츠는 그의 저서 "미래로 가는 길"에서 미래는 꿈꾸는 자의 것이라고 하였습니다. 현재가 힘들고 어려워도 밝은 미래를 여는 법을 배운다면 다시 일어설 수 있습니다. 그러면 미래를 여는 조건은 무엇입니까?

1. 미래를 열려면 자신에게 열려 있어야 합니다.

아무리 상황이 힘들어도 포기하지 않고 자신의 가능성을 믿는 자에게는 언제나 길이 열립니다. 자신을 믿는 것은 전능하신 하나님 안에 있는 자신을 볼 때 가능합니다. 믿음의 사람은 어떤 상황에서도 좌절하거나 원망하지 않고 맡겨진 일에 최선을 다합니다. 이런 사람에게 미래의 문이 열립니다. 느헤미야는 포로 2세였지만 하나님 안에서 자신에게 열렸을 때 총독이 됩니다.

믿음으로 자신을 바라보면 새로운 미래가 열립니다. 루즈벨트는 소아마비를 앓았던 장애인입니다. 그러나 아버지는 이렇게 말했습니다. "애야, 너의 장애는 장애가 아니다. 하나님이 너와 함께하시면 장애 때문에 놀라운 삶을 살 수 있다." 그는 뉴욕주 의회 의원과 뉴욕시 시장과 부통령에 이어 대통령이 되었습니다. 하나님 안에서 자신의 가능성을 보면 미래가 열립니다.

2. 미래를 열려면 이웃과 세상을 향해 열려 있어야 합니다.

느헤미야는 수산 궁에서 최고 권력자로 풍요로운 삶을 살았습니다. 그러나 이런 환경 속에서도 항상 하나님을 바라보았고 동족을 잊지 않았습니다. 그는 민족이 큰 환난을 만나고 능욕을 받았다는 소식을 듣고 슬퍼했습니다. 조국을 사랑한 느헤미야는 민족과 함께 고통을 나누며 애통해했습니다. 가족과 이웃, 민족과 세상을 향한 사랑으로 마음이 열릴 때 미래가 열립니다.

현대인은 점점 이기적이 되어 이웃이나 세상을 향해 무관심합니다. 다른 사람들의 아픔과 번민에 공감하지 않습니다. 가족들도 부부도 진심으로 사랑하지 않는 경우가 많습니다. 이들에게 미래는 닫혀 있습니다. 그러나 신앙인은 사랑으로 살아갑니다. 사랑이 있는 곳에 기적이 일어나고 미래가 열립니다. 사랑할 때 하나님이 계시고, 하나님이 계신 곳에 기적이 나타납니다.

3. 미래를 열려면 하나님을 향해 열려야 합니다.

느헤미야는 민족적 역경 속에서 슬퍼하기만 하지 않았습니다. 그는 금식하며 하나님께 기도했습니다. 고민하고 탄식해도 어떤 변화도 일어나지 않습니다. 그러나 하늘의 하나님께 기도하면 변화가 일어납니다. 느헤미야는 기도의 사람입니다. 느헤미야서는 기도로 시작해서 기도로 끝납니다. 기도는 전능하신 하나님으로 일하시게 합니다. 역사의 미래를 여는 것은 기도입니다.

　하나님은 오늘도 기도를 기다리고 계십니다. 기도하면 하나님이 응답하십니다. 기도의 사람 원종수 권사의 어머니는 기도의 사람이었습니다. 어머니는 아들을 이렇게 훈련했습니다. "얘야. 엎드리면 앞선다. 엎드리면 사람 보지 않는다. 엎드리면 하나님이 일하신다." 아무리 암담한 상황이라도 가정과 교회, 나라와 세계를 위해 기도하면 위대한 미래가 열리게 됩니다.

▶ 학습 문제
(1) 미래를 여는 사람이 되기 위해 자신에게 열린다는 것은 무슨 뜻입니까?
　답: 전능하신 하나님 안에 있는 자신을 향한 믿음을 가지라는 것입니다.
(2) 역경과 어려움 속에 있는 민족과 교회의 미래를 여는 법은 무엇입니까?
　답: 오늘도 기도에 응답하시는 하나님을 향하여 기도해야 합니다.

❋ 기도
하나님 아버지. 어둠과 혼돈 속에 빠진 민족과 세상, 큰 문제 속에 있는 이웃과 가족을 위해 기도합니다. 밝은 미래를 믿고 자신과 이웃을 향해 마음이 열리게 하시고, 하나님을 향한 믿음과 기도로 승리하게 하여 주소서. 예수님의 이름으로 기도합니다. 아멘.

❋ 중보기도
(1) 인생과 가정과 사업의 문제로 힘들어도 믿음으로 일어나게 하소서.
(2) 한국 교회가 이웃과 세상을 향한 사랑과 관심으로 섬기게 하소서.

▶ 만남의 준비

역대상 4장 9-10절을 읽고 불행한 인생을 극복하고 귀중한 사람이 되는 법을
묵상합시다.

50. 환난을 극복하는 사람

> 성경 : 역대상 4:9-10 (외울 말씀 10절)
> 찬송 : 370장(455), 543장(342)
> 주제 : 그리스도인의 삶의 원천과 토대는 성경이다. 성경과의 만남은 우리를 변화시키는 약속이며 힘이다. 하나님의 말씀은 능력이 있어서 말과 생각이 바뀌고 인생을 달라지게 한다.

범죄학자들의 연구에 의하면 범죄의 가장 큰 원인은 환경과 유전과 빈곤이 아니라 개인의 선택입니다. 개인의 선택은 어린 시절 특히 가정에서 형성된 도덕적 양심에 의해 결정됩니다. 그러므로 가정에서 바른 인격 교육과 가치 교육이 있어야 바른 선택을 하며 행복하고 바른 삶을 살게 됩니다. 성경에 나타난 존귀한 인생과 위대한 미래를 여는 야베스의 기도를 소개합니다.

1. 야베스는 하나님께 복을 주시기를 기도했습니다.

역대상 1장에서 9장에는 긴 족보와 무려 500여 개의 낯선 이름이 나옵니다. 그러나 4장에 나오는 야베스는 관심을 끕니다. 아들을 수고로이 낳고 고뇌에 가득한 그의 어머니는 '고통을 불러오다'는 뜻을 가진 '야베스'로 이름을 지어주었습니다. 그러나 야베스는 인생의 저주를 극복하고 그의 형제보다 귀중한 자가 되었습니다. 그 비결은 하나님께 드린 믿음의 기도였습니다.

야베스는 낮은 자존감과 열등감으로 불평이나 좌절 속에 살지 않았고 하나님께 복을 구하였습니다. 그는 부정적인 환경에서도 하나님을 믿고 끝까지 하나님의 사람으로 살기를 원했습니다. 지금의 상황이 암울하고 힘들어도 믿음의 눈으로 보고 기도하면 반드시 하나님이 길을 열어주십니다. 보통 사람들은 현실에 반사적으로 반응하며 살지만 하나님의 사람은 믿음으로 삽니다.

2. 야베스는 그를 도우셔서 그의 지역을 넓혀달라고 기도했습니다.

야베스의 삶의 핵심은 세상이나 사람이 아니라 하나님을 추구하며 살았다는 데 있습니다. 그는 전능하신 하나님을 믿고 살았기에 인생을 대하는 태도의 차원이 달랐습니다. 지역이 넓어짐은 땅을 많이 얻는다는 의미보다는 역량과 영향력이 넓어진다는 뜻입니다. 큰 뜻을 품고 기도하며 지혜와 능력을 구하면 하나님께서 놀라운 은혜를 베풀어 주시고 길을 열어 주십니다.

하나님께서는 신실하셔서 야베스의 기도에 응답하셔서 그를 도우셨습니다. 세상에서 산다는 것은 치열한 경쟁과 도전 속으로 들어가는 것입니다. 그러나 하나님이 도우시면 상상을 초월하는 뛰어난 능력과 실력을 얻게 됩니다. 사람은 인생을 오래 사는 것이 아니라 바르게 살아야 합니다. 최선을 다해 노력하고 하나님의 도움을 구할 때 참되고 영향력 있는 삶을 살게 됩니다.

3. 야베스는 환난을 벗어나 근심이 없기를 기도하였습니다.

환난과 고통은 누구에게나 필연적으로 찾아오는 상황입니다. 그러나 전능하신 하나님을 믿는 사람에게는 고난이 패망을 불러오기보다 하나님의 도우심을 경험하며 미래를 여는 기회가 됩니다. 고난과 힘든 상황은 낙심과 포기로 몰고 가는 통로가 될 수 있습니다. 그러나 하나님을 바라보면 하나님은 격려와 소망으로 채워주시고, 하나님의 꿈을 품고 비상하게 됩니다.

그러면 어떻게 하나님을 바라볼 수 있습니까? 먼저 하나님의 말씀에 귀를 기울여야 합니다. 하나님을 신뢰하는 자의 의무는 하나님의 말씀을 듣는 것입니다. 하나님은 말씀을 통해서 그를 깨우치시고 새롭게 하십니다. 다음 하나님의 말씀을 깊이 묵상하고 순종해야 합니다. 세상과 사람의 생각을 따르지 않고 말씀을 믿고 따를 때 높은 차원의 세상을 보며 담대하게 됩니다.

▶ 학습 문제

(1) 야베스는 어떻게 불행과 어려움을 극복할 수 있었습니까?

답: 그는 낮은 자존감과 원망이 아니라 믿음으로 살기로 결단했습니다.

(2) 야베스가 형제보다 귀중한 사람이 될 수 있었던 비결은 무엇입니까?

답: 탁월하고 영향력있는 사람이 되어 역경을 극복하기를 기도했습니다.

☀ 기도

전능하신 아버지 하나님. 인생의 문제와 환난 속에 함몰되지 않고 헤쳐 나가는 성도들이 되게 하소서. 높은 영적 자존감을 가지고 세상을 변화시키는 귀중한 사람이 되도록 하나님 손의 도우심을 힘입게 해주소서. 예수님의 이름으로 기도합니다. 아멘.

☀ 중보기도

(1) 자녀들이 믿음과 꿈과 용기를 갖도록 양육하는 부모 되게 하소서.

(2) 한국 교회 젊은이들이 세상과 역사를 바꾸는 귀중한 인재 되게 하소서.

▶ 만남의 준비

사도행전 2장 17-21절을 읽고 어두운 시대와 역사를 변화시키는 꿈의 사람의
길을 묵상합시다.

51. 꿈을 회복하는 교회

성경 : 사도행전 2:17-21 (외울 말씀 17절)
찬송 : 84장(96), 383장(433)
주제 : 하나님의 사람은 비관하며 절망하지 않고 새로운 꿈과 비전을 선포한다. 꿈은 높은 목표와 이를 성취하려는 열망을 준다. 사람은 높은 꿈이 있을 때 삶의 가능성과 가치와 보람을 찾게 된다.

미국 사회를 바꾼 위대한 설교 한 편이 있습니다. 마틴 루터 킹 목사의 "나에게는 꿈이 있습니다"란 설교입니다. 인간 사회에는 꿈이 절대적으로 필요합니다. 꿈이 없는 사회는 죽은 것이요 변화와 발전과 의미가 없습니다. 하나님의 사람은 미래에 대한 꿈을 꾸어야 합니다. 모든 사람이 절망하고 포기할 때도 꿈을 가져야 합니다.

1. 꿈을 가진 하나님의 사람이 필요합니다.

경제적, 사회적으로 많은 어려움을 겪고 있는 한국 사회를 향해 '변화 관리' 전문가인 윤은기 씨는 이렇게 말했습니다. "위험하고 더럽고 힘든 3D는 또 다른 D가 있을 때 얼마든지 극복될 수 있다. 그것은 바로 DREAM(꿈)이다." 하나님의 사람은 어떤 상황 속에서도 냉소와 비관 대신 꿈을 유통합니다. 믿음의 사람이 꿈을 말하면 자녀들이 살아나고 사회는 새로워집니다.

예수께서 암울한 유대 사회에 하나님 나라의 꿈을 전하셨을 때 허다

한 무리가 미래를 향한 믿음과 소망을 품고 따랐습니다. 꿈은 미래를 향한 바른 방향을 제시하고 안내하며 변화에 대한 확고한 태도를 갖게 해줍니다. 꿈의 사람은 강압이 아닌 격려로, 억지가 아닌 성령의 감동으로 사람들을 움직입니다. 꿈의 사람은 미래지향적이며 행동으로 세상과 역사를 변화시킵니다.

2. 한국 사회는 하나님 나라의 꿈을 회복해야 합니다.

오늘 한국 사회는 정치적 무력과 사회적 혼돈, 경제적 무질서와 도덕적 타락에 빠져 있습니다. 세상을 이끌어가는 진정한 꿈을 상실하였기 때문입니다. 이 시대에 필요한 사람은 비관하며 절망하는 사람이 아닙니다. 오늘의 시대는 순수하고 용기있게 진정한 꿈을 말하는 사람이 필요합니다. 한국 교회가 하나님 나라의 꿈을 선포할 때 사회와 세상은 새로워질 것입니다.

하나님의 나라의 꿈을 가진 사람은 세상을 파산과 상실 그리고 절망의 눈으로 바라보지 않습니다. 하나님의 새로운 창조와 역사에 대해 눈을 뜨고 새로운 사명을 발견합니다. 하나님은 절망을 넘어서게 할 수 있는 강력한 능력을 베푸시는 전능자이십니다. 이런 꿈을 회복하려면 새로운 영적 각성을 통해 성령 충만한 성도들이 일어나야 합니다.

3. 하나님의 꿈을 주시는 성령의 기름부으심이 필요합니다.

1907년 한국 교회의 대부흥 운동과 19세기 영국 웨일즈 지방에 있었던 부흥 운동과 18~19세기 미국의 부흥 운동은 그 시대와 사회를 변화시켰습니다. 부흥 운동은 인생의 목적과 의미를 새롭게 밝히는 하나님의 말씀과 성령의 역사를 통한 하나님의 나라 운동입니다. 세상 속에서 현대 그리스도인들은 다시 한번 말씀과 성령으로 하나님의 꿈의 사람이 되어야 합니다.

요엘 선지자는 성령이 임하시면 자녀들이 예언하고, 젊은이는 환상을 보고, 늙은이는 꿈을 꾸리라고 하였습니다. 실제로 성령이 임한 초대 교회 성도들은 모두가 새로운 꿈 곧 하나님 나라의 꿈을 꾸고 증인이 되었습니다. 오늘날 세상은 악과 고난 가운데서 괴로워하지만 그리스도인은 하나님의 말씀과 성령 충만을 받고 영적 흑암을 물리치고 하나님의 나라를 세워가야 합니다.

▶ 학습 문제
(1) 세속적 풍요 속에 허무를 경험하는 현대인에게 무엇이 필요합니까?
    답: 참된 목표와 미래의 방향을 제시하는 하나님의 꿈이 필요합니다.
(2) 세상을 변혁시키는 하나님의 꿈을 꾸려면 무엇이 있어야 합니까?
    답: 하나님 말씀의 깊은 진리와 성령의 기름부으심이 있어야 합니다.

☀ 기도
하나님 아버지. 혼돈과 어둠과 죄악이 가득합니다. 성도들이 하나님의 말씀을 듣고 성령 충만하여 새로운 세상을 이루게 하소서. 자녀들이 예언하고 젊은이가 환상을 보고 늙은이가 꿈을 꾸어 하나님의 나라를 이루게 하소서. 예수님의 이름으로 기도합니다. 아멘.

☀ 중보기도
(1) 한국 교회가 하나님의 말씀과 성령의 능력으로 무장하게 하옵소서.
(2) 하나님 나라의 꿈을 가진 자녀들과 젊은이들이 일어나게 하옵소서.

▶ 만남의 준비

이사야 60장 1-5절을 읽고 절망과 어둠의 시대 속에서도 일어나 빛을 발하는
교회를 묵상합시다.

52. 일어나라 빛을 발하라

성경 : 이사야 60:1-5 (외울 말씀 1절)
찬송 : 582장(261), 552장(358)
주제 : 오늘날 우리나라의 가장 큰 문제는 꿈의 상실이다. 그 결과 정치, 사회, 경제 등 모든 분야에서 방향을 잃고 흔들리고 있다. 교회의 사명은 세상을 밝혀주는 꿈과 비전을 제시하는 것이다.

인생에서 제일 중요한 것은 꿈입니다. 꿈이 없으면 아무리 성공하고 재물이 많아도 미래가 없습니다. 그러나 꿈이 있으면 아무리 힘들어도 용기가 생기고 미래가 있습니다. 성경은 꿈이 없는 민족은 망한다고 말합니다. 꿈은 깊은 감동과 소망을 주며, 사람과 세상을 변화시키는 열정과 능력을 줍니다. 하나님의 사람들이 미래를 향한 꿈을 꾸면 세상은 변화될 것입니다.

1. 하나님은 절망한 자들에게 일어나라고 명령하십니다.

이사야 선지자는 하나님의 사람들에게 일어나 빛을 발하라고 말합니다. 세상은 빛과 생명을 잃고 죄와 어둠으로 가득합니다. 그러나 세상의 빛이신 예수 그리스도를 믿는 그리스도인은 어두움을 밝히는 빛이 될 수 있습니다. 하나님의 뜻은 사랑과 생명과 소망입니다. 그리스도인들이 담대하게 하나님의 사랑과 복음을 전하고 꿈을 선포할 때 세상은 변화되고 새로워집니다.

한 기자가 헨렌 켈러에게 맹인과 농인 중에 누가 더 불쌍하냐고 물었습니다. 그녀는 이렇게 대답하였습니다. "시력을 잃어 맹인이 되었거나 청력을 잃어 농인이 된 사람이 불쌍한 것이 아니라, 육안을 가지고도 비전이 없는 정상인이 불쌍한 것입니다." 많은 사람들이 두려움과 좌절 속에서 현실에 안주하며 인생을 낭비하지만 하나님은 일어나 빛을 발하라고 명령하십니다.

2. 하나님은 우리의 자녀들을 회복하실 것입니다.

본문 4절 말씀은 자녀들이 돌아온다고 약속하고 있습니다. 오늘날 많은 자녀들이 신앙을 버리고 세상으로 나가고 있습니다. 하나님의 나라를 이루어갈 다음 세대들이 하나님을 멀리하고 삶의 방향을 잃고 방황하고 있습니다. 그러나 하나님의 영광이 임하면 멀어져 간 자녀들이 꿈을 꾸고 세상의 빛이 될 수 있습니다. 성도들은 가정과 교회에 부흥이 일어나도록 기도해야 합니다.

미국의 명문고등학교 중 하나가 필립스 아카데미입니다. 이 학교는 동문 35명 중 1명 꼴로 미국 명사에 올라 있다고 합니다. 그런데 이 학교의 건학 이념이 라틴어로 'Non sibi', 영어로는 'Not for self' 즉 '나 자신을 위해서가 아닌'입니다. 이웃을 위해 공부하고 자신을 통해 다른 사람이 행복하고 세상이 더 아름답게 된다는 꿈과 목표를 가지면 위대한 삶을 살게 됩니다.

3. 그리스도인들은 하나님의 영광의 빛을 비추어야 합니다.

폴 틸리히는 이 시대에 만연한 불안의 근저에는 죽음에 대한 존재론적 두려움과 허무에 대한 목적론적 두려움이 있다고 했습니다. 그러나 하나님의 백성은 불안과 두려움을 이길 꿈과 능력이 있습니다. 이런 하나님의 비전이 없다면 그리스도인이라도 평범하고 세속적인 삶을 살 뿐입니다. 그리스도인이 세상의 빛이며 주인이신 주님을 마음에 모시면 새 일을 행하게 됩니다.

팀 켈러는 "답이 되는 기독교"란 책에서 하나님은 현재에 깊이 개입하시며 길 잃은 세상 사람들을 온전케 하신다고 강력하게 말합니다. 세상에 만연한 세속주의는 '영원'은 없고 오직 현세의 경제적 번영, 물질적 안락, 정서적 만족만을 추구합니다. 세상이 혼란과 불의가 가득해도 그리스도인이 깨어서 믿음으로 이 세상에 빛을 발할 때 하나님의 나라와 영광이 임합니다.

▶ 학습 문제
(1) 하나님을 떠난 다음 세대가 돌아오기 위해 필요한 것은 무엇입니까?

답: 부모 세대가 일어나 빛을 비추라는 말씀에 순종해서 일어나야 합니다.

(2) 죽음과 허무함에 불안해하는 세상을 비추려면 무엇이 필요합니까?

답: 영원하신 하나님을 믿고 생명과 진리의 말씀에 붙들려야 합니다.

☀ 기도
살아계신 하나님 아버지. 두려움과 불안에 짓눌려 사는 세상에 평안과 빛을 비추게 하소서. 하나님 말씀은 눌린 자를 자유하게 하며 일어나 빛을 비추게 합니다. 주님 말씀에 순종하여 일어나는 교회와 가정이 되게 하여 주소서. 예수님의 이름으로 기도합니다.

☀ 중보기도
(1) 하나님의 백성들이 일어나 빛을 비추는 사명과 비전의 사람되게 하소서.
(2) 떠나갔던 다음 세대와 청년들이 말씀과 성령으로 일어나게 하소서.

▶ 만남의 준비

새해에도 새 마음으로 새롭게 만나요.

■ 구역원 명부 ■

(구)

번호	이름	생년월일	직업	가족수	연락처
1					
2					
3					
4					
5					
6					
7					
8					
9					
10					
11					
12					
13					
14					
15					
16					
17					
18					
19					
20					
21					
22					
23					
24					
25					

■ 구역 출석부 ■

(7월~12월)

번호	이 름 \ 주월일	27	28	29	30	31	32	33	34	35	36	37	38
1													
2													
3													
4													
5													
6													
7													
8													
9													
10													
11													
12													
13													
14													
15													
16													
17													
18													
19													
20													
21													
22													
23													
24													
25													
통계란	출 석												
	결 석												
	현 금												